给你一个公司
你能管好吗

梦华 编著

吉林文史出版社
JILIN WENSHI CHUBANSHE

图书在版编目（CIP）数据

给你一个公司你能管好吗 / 梦华编著. -- 长春 :吉林文史出版社, 2017.5
（2021.12重印）

ISBN 978-7-5472-4058-8

Ⅰ.①给… Ⅱ.①梦… Ⅲ.①企业管理—通俗读物 Ⅳ.①F272-49

中国版本图书馆CIP数据核字(2017)第091311号

给你一个公司你能管好吗
GEI NI YIGE GONGSI NI NENG GUAN HAO ME

出 版 人　张　强
编 著 者　梦　华
责任编辑　于　涉 董　芳
责任校对　薛　雨
封面设计　韩立强
出版发行　吉林文史出版社有限责任公司
地　　址　长春市净月区福祉大路5788号出版大厦
印　　刷　天津海德伟业印务有限公司
版　　次　2017年5月第1版
印　　次　2021年12月第6次印刷
开　　本　640mm×920mm　　16开
字　　数　198千
印　　张　16
书　　号　ISBN 978-7-5472-4058-8
定　　价　45.00元

前　言

　　给你一个公司你能管好吗？在目前很多人选择自主创业当老板的大趋势下，开公司成了许多创业者的首选。每个公司的老板都想通过自己的经营和管理，使公司做大做强，不断发展成为世界一流企业，从而使自己成为知名的企业家。其实，开公司并不难，但是要想把公司管理好，使公司步入正常发展的轨道，给公司带来可观的利润却并不是一件容易的事情。做事情是需要技巧的，管理公司也同样如此。如果你不会管理公司或者不懂管理，仅仅凭借一腔热血就想把公司管理好，很显然，这只能是你一厢情愿。即使处于同样的位置，有的公司经营有序，公司运转良好，而有的公司管理一塌糊涂、混乱不堪；经营同样的项目，有的公司财源广进、日进斗金，而有的公司却亏损严重、入不敷出；同样的业务，有的公司越做规模越大，而有的公司却经营惨淡、难以为继。

　　这是一个企业家辈出的年代，也是一个梦想燃烧的时代。现如今，市场竞争日趋白热化，而新的公司犹如雨后春笋般层出不穷，面对如此激烈的市场环境，要想把一个公司管理好却并非易事。看起来很漂亮，做起来很残酷，这就是管理公司。公司能够成功是极其偶然的，失败却是必然的。我们看到的是极少数功成名就者的辉煌，看不到的是不可计数的失败者的惨淡和悲凉。据统计，2004 年中国创业公司的平均存活时间是3.7 年，到了 2011 年这个数字下降为 2.9 年。在中国可以活到 3

年以上的公司不到 10％。即便是在美国，活过 5 年的公司也只有 20％，在这 20％ 的公司中，只有 20％ 的公司能活过第二个 5 年。换句话说，在美国，能活过 10 年的公司只有 4％。就像浪里淘沙一样，尽管有成千上万的公司通过不断发展而日益壮大，由此催生出了成千上万个百万富翁、千万富翁，但也会有很多公司黯然关张，甚至赔得血本无归。所以，从以上数据可以看出，开公司不难，要想把公司管理好并且把公司打造成"百年老店"却不是一件简单的事情。

作为公司的管理者该如何管好一个公司呢？

一般来讲，作为公司的管理者，一定要志存高远，有目标。这个目标是一个导向，能使公司少走很多的弯路。在市场竞争中，为了使公司处于有利地位、更好地增加利润，保持公司旺盛的生命力，公司必须不断地设定更高的发展目标，当然这个目标并不是高不可攀，而是必须在得到公司员工理解和认可的基础之上，激励员工去努力奋斗，以利于公司的生存和发展，这是公司市场运作成功的关键所在。

现在社会发展越来越复杂，管理者的眼光要远，眼界要宽，看问题、办事情要有前瞻性、预见性，尤其要对自己的员工及公司的现状、发展走势、外部环境有十分清醒的认识。这样工作的主动性才能增强，才能沉着应对可能出现的各种情况，达到趋利避害的目的。现在一些公司管理者都能意识到危机几乎是不可避免的，在面对危机时也能从容应对，最大限度地避免公司受损。有了危机意识，管理者就能更冷静、清醒地面对现状，预测下一步的计划。同时，面对现实社会激烈的竞争环境，一旦懈怠，退步也会接踵而来。只有公司整体保持对同类竞争与社会发展的高度敏感性，才不会降低公司的效率，才能让公司一直处于高效运转的状态，时刻保持旺盛的生命力。

对于管理者来说，如何管理好员工要有艺术。能否成为一个成功的管理者，一方面要有卓越的工作能力和竞争意识，努力使自己的愿望变为现实；另一方面则要有高超的驾驭下属的技巧，使每一个下属都人尽其才，才尽其用。很多公司强调公正、公平和支持的管理原则。其实，公正、公平和支持的原则非常适用，它是员工监督管理者的有效手段。大度容才就是说管理者要有容才纳贤的气魄和度量。只有具备宽容的气度，才能有团结众人的力量，最大限度地发挥人才的效能。宽容是激励的一种方式，也是管人的一种方式。管理者的宽容品质能带给员工良好的心理影响，使员工感到亲切、温暖和友好，获得心理上的安全感。

总之，管好一个公司并非一朝一夕的事情，而是需要公司管理者的智慧、才情和心血，还有公司全体同仁的齐心协力与精诚团结，外加天时、地利、人和等多种因素的合一，方能使公司的发展保持良好的态势。

给你一个公司，你能管好吗？作为公司的管理者，如何更好地领导下属和管理员工？如何建立优秀的团队？如何做到知人善任、人尽其才？如何实现与下属的无障碍沟通？如何用简单的管理取得大的收获？管理一个公司将面临各种各样的问题和挑战，当你面对这些问题时，你是否会产生困惑或有力不从心之感？是否需要用新的管理知识和技能武装自己的头脑？是否想进一步提升自己的管理技能，以便更好地应对管理过程中出现的各种难题和挑战？作为一名中层领导和普通员工，如何通过自我修炼来提高当前的工作业绩？如何在工作和实践中提升自我？如果有一天你被任命为公司的管理者，你知道该做什么，不该做什么吗？如果将你从普通员工提升为中层管理者，你如何走好第一步？你具备管理者的基本素质和能力吗？为帮助读者掌握最切合实际的管理方法，使读者在管理过程中少走弯路，使管理更顺畅，从而游刃有余地开展工作，成为卓有成效的管理者，我们精心编写了这部《给你一个公司，你能管好吗》。

　　本书从如何管理好公司为出发点，分别从领导艺术、团队组建、企业战略、决策制定、执行推进、创新思路、市场营销、广告公关、企业文化等方面介绍了管理者所应对的事务，内容全面、系统、丰富，兼具实用性和指导性，为管理者提供了一份简单、实用的管理指导书。同时，本书也为中层领导和普通员工的自我提升和成长提供了可以借鉴和学习的素材，员工可以通过学习书中先进的管理理念和管理方法，优化自己的思维方式和知识结构，改变自己的工作方法，提高自身素质，为以后的发展与壮大奠定基础，继而成为公司不可多得的管理型人才。不管怎样，本书给你的都是最实用、最能引发你思考的文字。只要你仔细阅读并认真思考了，本书一定能为你从普通员工升为主管、主管升为经理助一臂之力，帮助你从员工见了就躲的"寡人"领导变为员工又敬又爱的"良师益友"型领导。

目 录

第 1 章　"霸权主义"要不得,"无为而治"也要不得

"甩手掌柜"才是好领导 ……………………………………… (1)

"抓权"与"放权" ………………………………………………… (3)

第 2 章　授权并不是简单的"给权力"

个人魅力决定授权的价值 ……………………………………… (5)

合理授权 ………………………………………………………… (6)

第 3 章　管理要"分层"

尊重"层级管理" ………………………………………………… (9)

层次不在多而在精 …………………………………………… (10)

中层不能太"胖" ……………………………………………… (12)

第 4 章　学会"抽离"很难,但很重要

抽出身来吧,别再瞎忙了 …………………………………… (15)

没空间,再好的员工也出不来 ……………………………… (18)

第 5 章　中层"伤不起"

不要"欺负"中层 ……………………………………………… (20)

别让中层干基层的活 ………………………………………… (22)

打造"黄金中层" ……………………………………………… (23)

第 6 章　每个领导都知道"用人不疑",但真正做到的很少

用信任串联上下 ……………………………………………… (26)

"用人不疑"靠的是气度 ……………………………………… (29)

第 7 章　"大权"与"小权"

大权要独揽,小权要分散 …………………………………… (31)

用分权来制权 ………………………………………………… (32)

第8章　分清"管理型人才"与"业务型人才"
　分清"管理型人才"与"业务型人才" …………………… (35)
　用人就要用他最突出的地方 …………………………… (36)

第9章　"闲人"不一定"闲","忙人"也不一定"忙"
　"忙人"和"闲人" ………………………………………… (39)
　明确责任才能堵住借口 ………………………………… (40)

第10章　"垃圾"有时只是跟错领导的"金子"
　没有差员工，只有差领导 ……………………………… (44)
　找准位置，才能让人才"发光" ………………………… (45)

第11章　下属是在"钓鱼"，还是"捞鱼"
　"钓鱼"与"捞鱼" ………………………………………… (48)
　勤奋永远不会错 ………………………………………… (50)

第12章　你在"磨炼人才"，还是在"折磨人才"
　"折磨人才"不是"磨炼人才" …………………………… (52)
　"磨炼人才"要有目的性 ………………………………… (53)

第13章　别戴着"有色眼镜"，否则你会"大跌眼镜"
　容貌跟能力无关 ………………………………………… (55)
　英雄不问出处 …………………………………………… (56)

第14章　你敢用能力比你强的下属吗
　嫉贤妒能毁的是公司前途 ……………………………… (59)
　用人唯才企业才有未来 ………………………………… (60)

第15章　别人不敢用的"人才"，你敢用吗
　人才"险"中求 …………………………………………… (63)
　"刺头"比"奴才"有用 …………………………………… (65)

第16章　追求"完人"，不如善用"偏才"
　在"偏才"中挖掘"人才" ………………………………… (67)
　善用短处是用人的最高境界 …………………………… (68)

第17章　"折腾"出美好未来
　不"折腾"前途无"亮" …………………………………… (71)

把厕所打扫干净,接下来就是见证奇迹的时刻 ………… (73)

第18章　优柔寡断就别当领导
果断给"害群之马"上"炒鱿鱼" …………………………… (75)
及时修好第一扇被打碎的窗 ……………………………… (77)
必要时,杀鸡儆猴 ………………………………………… (78)

第19章　别让你的公司"山头林立"
正视"小圈子" ……………………………………………… (81)
用大禹的方法治"山头",能"疏"就不"堵" ……………… (82)

第20章　"窝里斗"毁的是自己的前途
道"和"气"顺"才能生财 …………………………………… (85)
做企业,学狼不学狗 ……………………………………… (87)

第21章　乱发脾气是告诉员工你无能
爱发脾气的领导不是好领导 ……………………………… (90)
好脾气,不嫌弃 …………………………………………… (92)
有能力的领导不迁怒 ……………………………………… (94)

第22章　员工浑身上下都是"自我介绍"
员工的坐相会"出卖"自己 ………………………………… (96)
读懂员工的"手语" ………………………………………… (98)
观察员工的眼睛 …………………………………………… (99)

第23章　小习惯背后的"大内心"
从言谈习惯看员工内心 …………………………………… (101)
"招呼"不同,性格不同 …………………………………… (103)

第24章　"抓细节"不是"找碴"
细节决定成败 ……………………………………………… (105)
不要为了细节而注重细节 ………………………………… (107)
细节就是通往卓越的一个个台阶 ………………………… (109)

第25章　"办法"总比"困难"多
只要精神不滑坡,方法总比困难多 ……………………… (111)
不是没办法,而是没努力去想 …………………………… (113)

第 26 章 平平淡淡不是真

永远都不要想"维持现状" ………………… (116)

开拓属于自己的蓝海 ………………………… (119)

第 27 章 让你的员工"激情燃烧"

要"提气"得先"泄气" ………………………… (121)

用新理念来激励员工 ………………………… (123)

第 28 章 员工都满意了,顾客会不满意吗

顾客满意重要还是员工满意重要 ………… (126)

不能让员工太满意 ………………………… (128)

第 29 章 解除员工的"心理武装"

打完巴掌,甜枣要跟上 ……………………… (131)

"奖"也是有学问的 ………………………… (132)

第 30 章 员工"内心满足",忠诚"不请自来"

天地之性,人心为贵 ………………………… (136)

员工的归属感 ……………………………… (139)

第 31 章 注重营销而不是推销

"抓卖点"才能"多卖点" ……………………… (143)

上谋伐心 …………………………………… (144)

第 32 章 "小人物"也有"大智慧"

"小人物"小看不得 ………………………… (147)

成全"小人物"就是成全自己 ……………… (149)

第 33 章 "把握动机"与"强迫坚持"

把握住"做事动机" ………………………… (151)

用"强迫"帮助员工坚持 …………………… (153)

第 34 章 经营人心,从新员工开始

给新员工归属感 …………………………… (156)

80 后新员工该如何对待 …………………… (158)

能够激发 80 后的氛围 ……………………… (161)

第 35 章　点到即可,水至清则无鱼

水至清则无鱼 ………………………………………………（163）

让员工"安心"犯错 …………………………………………（166）

第 36 章　有错误不能乱处理

"小"错误"大"处理,"大"错误"小"处理 ……………………（168）

让错误先晾着 ………………………………………………（170）

有些错误要及时处理 ………………………………………（173）

第 37 章　全员老板主义

公司是每个人的 ……………………………………………（176）

责任感来源于主人翁意识 …………………………………（178）

第 38 章　"坏话"其实没那么"坏"

"坏话"有时只是被我们想"坏"了 …………………………（181）

提升"谣言免疫力" …………………………………………（183）

第 39 章　企业的"生命力"取决于"执行力"

高效的"奥卡姆剃刀" ………………………………………（185）

不及时跟进则前功尽弃 ……………………………………（188）

别让目标只是个"目标" ……………………………………（190）

第 40 章　"一抓就死,一放就乱"是因为领导太笨

管理要有"节奏" ……………………………………………（193）

掌控好自我表现的"火候" …………………………………（196）

第 41 章　管理的本质是"制度"

企业发展,制度护航 ………………………………………（198）

制度不是"死"的 ……………………………………………（199）

第 42 章　"搭便车"是一门学问

管理也可以"搭便车" ………………………………………（203）

"搭车"要找贵人 ……………………………………………（204）

第 43 章　要"原则性"还是要"灵活性"

坚持与妥协 …………………………………………………（207）

有原则的灵活 ………………………………………………（208）

第44章 "模糊管理"要"清晰运用"

"含糊其辞"也是一种技巧 ……………………（211）

脑子清晰才能"模糊管理" ……………………（212）

如何说不想说的话 ………………………………（214）

第45章 公私关系有尺度

"公交"与"私交" …………………………………（217）

积极与老板发展"私交" ………………………（218）

第46章 要盘活企业，先盘活人

给员工高工资可以降低成本 …………………（221）

给你的员工们"松绑"吧 ………………………（222）

微软的秘密就两个字——人才 ……………（225）

第47章 领导的卓越是"训练"出来的

卓越在于训练 ……………………………………（227）

德鲁克教你如何训练 …………………………（228）

第48章 "这事我已经交代了"

政策自己不长"腿" ……………………………（232）

布置不等于完成，简单不等于容易 ……………（233）

第49章 管理中的"路径依赖"

马屁股决定火箭助推器的宽度 ………………（235）

让员工有好"路径"可依 ………………………（237）

第50章 "舍不掉"则"得不到"

优待善于"吃亏"的员工 ………………………（240）

有一种智慧叫作"放弃" ………………………（241）

"舍得"做小生意 …………………………………（243）

第1章 "霸权主义"要不得，
"无为而治"也要不得

"甩手掌柜"才是好领导

许多管理者，有的可能是出于"身先士卒"的心理，有的仅仅是为了显示自己"就是比别人强"，总是喜欢替"下属"想办法、拿主意。没错，不是"出"主意，而是"拿"主意。别小看这一字之差，它们的含义可是大有不同。"出"主意是帮助员工想办法，目的是"启发"员工的思路，用的是商量的口气，比如："这事这样做是不是更好一些？你不妨往这儿想一下，也许也是一个思路呢？"而"拿"主意，则是"替"员工想办法、作决定。已经没有员工什么事了，基本上全是领导一个人的"戏"了。

有一个领导认为自己是一个脑子"转得快"的人，属于那种"灵机一动，计上心来"的主儿。因此，每当他向下属交代工作或员工遇到困难找到他的时候，他总是"情不自禁"地将自己的主意"和盘托出"，而且还会针对他能够想到的所有细节——作出详细"指示"。所以，跟着这样一位"好为人师"的领导做事，员工工作起来分外轻松，这位领导也因此在员工中颇有一些人气。

但时间一长，他发现了一个严重的问题——下属找他"问计"的次数实在是过于频繁，有事就来问，几乎完全丧失了"主动思考"的能力，这让他疲于应付。经过一段时间的观察和反思，他终于弄明白了一个道理——与其直接把办法告诉下属，不如"启发"他们自己寻找办法，授人以鱼不如授人以渔。

从此，他"横下一条心"——哪怕下属把某些事情"搞砸"，也要强迫他们自己"想办法"，自己"主动地"做事。而他则做好了当"甩手掌柜"的心理准备。

自那以后，每当再有下属找到他"问计"时，这位决定"洗心革面"的领导总是对他们说："对不起，我脑子里一片空白，真的不知道该怎么做。但我相信你一定比我聪明，我给你一个晚上的时间，相信到明天上午你肯定能够想出十个办法来。我唯一要做的事情，就是从这十个办法里挑一个出来交给你去执行。"

如此"不负责任"了一段时间后，下属逐渐摆脱了对领导的依赖，遇到问题可以自己动脑筋、想办法了。下属们自己也很兴奋，很有成就感。随着"自我感觉"越来越良好，他们也逐渐变得"意气风发"，状态十足。

对此，这位领导是"看在眼里，喜在心头"。虽然下属们在工作中依然存在着这样那样的不足，但为了维护他们的"信心"，他总是尽量小心翼翼地帮助他们"矫正"，在他们身边做做"打下手"的工作。

虽说他的角色从"主角"变到了"配角"，但他一点都不觉得"失落"——因为突然间从"忙人"变成了"闲人"，他十分乐意利用这难得的"闲暇"去做更多的观察、更多的思考、更多的"细节"管理。

实际上，逼下属"自己想办法"也是一种"育人"之术。而"育人"是管理者义不容辞的责任，它本身就是一项重要的工作。一个"不想"育人、"不会"育人的管理者绝对是一个"不称职"的管理者。

其实，许多管理者之所以不想让下属抢了自己的"风头"，是因为没有享受过"育人"的快乐——看着自己花心思培养出来的人在"舞台"上大放异彩，那种兴奋劲儿和欣慰感，可比自己在"舞台"上"出彩"要大多了。

"抓权"与"放权"

"无为而治"这四个字顾名思义，说的就是以几乎"不做事"的方法，最大限度地达到"做事"的目的。这四个字用到企业管理工作中，就是要求管理者懂得"放权"，尽量避免"事必躬亲"。

但是，在现实的企业管理中，有很多管理者总是过分地追求"忙碌"，似乎只有"忙"起来，并忙到"不可开交"的程度，生活才会充实，企业才会好，心里才会踏实。

当然，"勤劳"并没有错，"勤劳致富""天上不会掉馅饼"的理论也没有错。问题是，"勤劳"并不一定等于"忙碌"，这是两码事。一个企业不能够全是"忙人"，因为"忙"会带来"乱"，而"乱"则会导致效率低下。人在"忙"的时候，往往容易注意力过于集中，视野就会变窄，只知道埋头拉车而不知道抬头看路。这样就容易忽略掉大局以及各种事物之间的匹配关系，从而造成大量资源的浪费和无效劳动的产生。这时企业里的"闲人"就显得非常重要，他们的工作就是静静地"观察"与"思考"，站在比劳动者更高的角度思考问题，协调各种事物间的关系从而确保大局，这恰恰是管理者的"本职"工作。这种"闲人"一个小时的工作成果，其效率可能抵得上十个"忙人"忙活一个星期。

有一家企业的老板经常气愤地向身边的人抱怨："我的这些员工都是懒蛋，执行力极差，所有的事情都得我自己来。"刚开始这位老板的抱怨会博得很多"同情"，可是慢慢地，大家都发现了个中的"奥秘"。原来，这位老板对手下员工极度缺乏信任，总觉得手下人会占他的便宜，所以，事情安排下去后总是不放心，一定要自己掌握事情的所有细节才能放心。手下的人不管做什么，每走一小步都要向老板请示，得到老板的首肯后才敢走下一步。如此一来，慢慢就没人敢大胆、主动地做事了，因为做得再多也没用，老板一句话就得"推倒重来"，纯粹"出力不讨好"。员工们被迫"无所事事"，老板却已经忙得脑门子冒汗，头脑发晕了，一个人哪能兼顾到那么多事情！很多事情，哪怕是老板自己曾经交代、指导过的事儿，也早就忘到脑后了。如此一来，很多事情都成了"烂尾楼"，干耗时间不出成果，员工到最后还会招来老板一通臭骂——你们都是吃素的吗？养你们是干什么吃的？

还有一个例子。

有一位某品牌经销店的总经理，他的店以超出其他同级别店几倍的经营业绩在业界有着超高的名气，所以这位总经理受到了全国各地同行的邀请并进行相关业务与管理的培训。他也靠给各地演讲赚了大笔"外快"。这位总经理的经营理念就是典型的"无为而治"。他一个月只在店里待几天，而且主要是处理一些琐事，其他的时间都是"不务正业"，在各地巡回讲课"赚外快"。但这并不意味着这位总经理什么都不管就能把店经营好，一些重要的环节他绝不会有丝毫的放松。对于"中层干部"的培养与任用耗费了他大量的心血，公司规则的制定也是严格把关。每天他的中层都会将当天的数据发送到他的电脑上，由他来对重大事情做判断与指导。用他自己的话说"我就是给我的中层打打杂，帮帮忙而已"。

这两个案例可以深刻反映出"抓权"与"放权"对于一个管理者的重要性。什么该"抓"？那些基本的框架、规则、核心的事物该"抓"。什么该"放"？那些具体的事物，具体的执行该"放"。而且"放"也不是绝对的"放"，领导要关注员工的执行"过程"，偶尔在旁边出出主意、帮帮忙，这才是一个称职的管理者、"好领导"。

老板每个月都给员工发着工资，不让他们"干活"才是真正的"吃亏"。有些东西"该放就放"，别总是担心"出乱子"。就算老板"什么东西都抓着不放""什么东西都亲自把关"，"乱子"也照出不误，而且"乱子"不一定小。

第 2 章　授权并不是简单的"给权力"

个人魅力决定授权的价值

授权看起来简单,其实非常不简单,并不是领导把下属叫过来拍拍肩膀说"这块区域以后你说了算"就行了,授权也得分人,跟领导的个人魅力有很大关系。如果是一个被员工看不起的领导,他授权给下属,下属可能会认为这是领导想偷懒,把自己该干的活推给自己,领导即使授了权也挨骂,还达不到应有的效果;如果是一位非常有魅力、让员工非常信服的领导授权给下属,下属会觉得这是领导对他的器重和提拔,会变得干劲十足。

这就是区别,话分人说,事分人做。

怎样才能取得下属的尊敬和追随?人格魅力当然是重中之重。

著名企业家李嘉诚在总结他多年的管理经验时说,如果你想做团队的老板,简单得很,你的权力主要来自于地位,这可来自上天的缘分或凭仗你的努力和专业知识;如果你想做团队的领袖,则较为复杂,你的力量源自人格的魅力和号召力。管理者只有把自己具备的素质、品格、作风、工作方式等个性化特征与领导活动有机地结合起来,才能较好地完成执政任务,体现执政能力;没有人格魅力,管理者的执政能力难以得到完美体现,其权力再大,工作也只能是被动的。

人格魅力是由一个人的信仰、气质、性情、相貌、品行、智能、才学和经验等诸多因素综合体现出来的。有能力的人,不一定都有人格魅力。缺乏优秀的品格和个性魅力，管理者的能力即使再出色，人们对他的印象也会大打折扣，他的威信和影响力也会受到负面影响。往往管理者做出的一件小事情，就可能影响到员工对整个工作意义的质疑。

镰仓幕府时代的源义经，流浪在外的时候身无分文，也毫无官阶，但是他身边的人都愿意追随他，恳请成为他的家臣，当得到源义经首肯的时候，个个都欢天喜地，非常骄傲，这就是管理者的魅力所在。有了这样的魅力，"呼风唤雨"又有何难？

合理授权

一个管理者太负责任，总是事必躬亲，那么整个组织的活力就会逐渐丧失，一些组织机能就会出现萎缩。

著名的管理学家、科学管理之父泰罗很早就意识到了这一点，他提倡管理者要学会合理地授权，尤其是要学会在遇到自己不懂的知识时，将决策权交给别人。

适当放权既能给下属留下发展自己的空间，又能使管理者抽出更多的时间去督导员工的工作，从而提高整个团队的工作效率。

但是授权一定要有方法，讲策略，而不是强人所难，更不是自己对责任的推卸。

1. 握大权，授小权

在一个企业中，不仅有繁重的、琐碎的事务性工作，而且也有关系企业生存与发展的重要任务。身为管理者，你不可能拥有足够的能力与精力去应对这一切。这时，你必须将绝大多数事务性的工作交给自己的下属去完成，而自己只保留处理例外与非常事件的决定权与控制权。

2. 因事择人，视德才授权

泰罗授权理论中一条最根本的准则就是因事择人，视德才授权。授权不是利益分配，更不是荣誉照顾，而是为了将工作做得更出色的一种用人策略。在符合要求的下属当中，把一部分权力授予他们，能够使他们感到自己是分担权力的主体，这就会在权力的支配下，形成更有效的凝聚作用与责任度。

3. 先放后收

不要将一种权力无限度地授予下属，而要适时地加以控制或是回收。这是泰罗授权法则中很重要的一个方面。有些管理者授予下属权力后，从来不闻不问，致使上、下级之间脱节，从而让自己的下属处于"权力真空"状态；相反，如果时时处处监督下属的权力应用，同样会事倍功半。最有效的方式就是收放结合，让下属在其力所能及的范围内充分发挥，并始终与整体相协调。

4. 不越级授权

在企业中，主要实行的是领导负责制，这种体制具有明显的层次性。所以，在授予下属权力时，一定要掌握好尺度，不要越级授权，而要逐级进行。否则，只会引起各级下属之间不必要的误解与职责的混乱。如何保证这种授出的权力不失控呢？泰罗提出了以下几点有益的忠告：

首先，命令跟踪。一些领导在向下属授权后往往会忘记发出的指令，这时，定期或是不定期地对自己的命令进行跟踪是相当有必要的。一个明智的管理者在跟踪自己的命令时，并不一定要注意下属工作的细节，他的目光会聚焦在下属的工作态度、工作进度等方面。

其次，有效反馈。对于下属的工作表现的评价，不能太主观臆断，而要有说服力。这就要求管理者在授权后，要与下属保持畅通的反馈渠道。下属需要及时地反馈工作的进展情况，而你更需要向下属传授工作的改进之处。

最后，全局统筹。一位领导要授予不同的下属以不同的权力，在授权后，自己就有足够的时间与精力把握一些全局性的工作。高明的管理者在全局统筹的时候，要善于采用纵向画线与横向画格的管理模式来实现组织控制。纵向画线是指界定各个部门对上、对下的权限，横向画格是指界定下级各部门之间的权限。这样做既有利于下级充分利用自己的权力施展自己的才华，又不至于各个部门成为不服从指挥的独立王国，从而有助于从整体上进行把握与协调。

第3章 管理要"分层"

尊重"层级管理"

中国现今的民营企业,尤其是小型企业,由于组织结构的不完善或是运作机制的不成熟,经常会发生越权管理的事情。

在私营的小企业中,尤其是那些只有 10 个人左右的企业,很多事情如果老板不亲力亲为,根本找不到人来做。这时过于严苛的组织架构和运行机制就会拴住企业的手脚,使企业丧失小规模特有的"灵活性"。因此,越权管理在某些情况下还是有它积极的一面的。只是要把握好度,如果领导管的"闲事"太多,甚至完全忽略了中层,就会造成权力不清晰、章法不明确的混乱局面,对企业的管理效率带来极大的伤害。

有一位经理一度十分相信"事必躬亲"的威力,认为管理者一定要战斗在第一线。所以,公司里无论大事小事,他都要亲自过问,甚至于直接参与到最基层的管理中。他对自己与员工"打成一片"的做法很得意,他认为这是"鱼儿离不开水"。

久而久之,公司里的中层干部开始变得无精打采、委靡不振,每天在公司晃来晃去找不到事做,工作效率和执行力急剧下降,领导安排什么事都推三阻四,半天都拿不出一个像样的结果。

这位经理刚发现这种现象时非常愤怒,把这些整天无精打采的中层都叫到办公室训了一顿,但收效甚微。直到有一天,一位中层干部对他敞开心扉说了实话,他才恍然大悟。

由于他过分的越权管理已经严重地侵犯了中层们的领地,

让他们无所适从，不知道自己该干什么，根本没有发挥自身能力的机会。更为严重的是，由于这位经理直接面对基层员工，所以，这些员工对他们的顶头上司稍有不满，就会到他那里告状。而这位经理应对基层"进谏"的办法就是第一时间把那些中层叫过来教训一番。时间一长，这些中层就变得更加束手束脚，甚至变得"识趣儿"了，既然不让我管，管了还要得罪人，我还操那心干吗呢！从此，公司的中层们事不关己，高高挂起，再也无心做事了。

听了那位中层的"肺腑之言"后，他深刻地反省了过分跨级管理的害处，工作中时时注意维护中层的权威，让他们有权可用。这样试验了一段时间后，情况果然大为改观，公司的中层干部们又恢复了以往的活力，重新找回了久违的激情。他们不再有所顾忌，敢作敢为，工作效率与执行力也得到了明显的提升。

所以，总是"身先士卒""战斗在第一线"的领导未必是好领导。管理者应该善于用人做事，而非自己做事，层级管理一定要得到尊重与坚持。

实行层级管理有以下几项优势：

(1) 管理层次得以简化，领导重心下移，提高管理效率。

(2) 有助于管理从宏观粗放向微观细致方向发展。

(3) 有助于充分发挥各部门的职能作用。

(4) 有助于改善领导和员工之间的关系。

(5) 有助于各部门之间竞争局面的形成。

(6) 有利于青年干部的迅速成长。

层次不在多而在精

一个企业发展壮大，应该主要表现在生产规模的扩大、制度规范化和人性化、管理层和普通员工素质提高，而不是表现在管理团队越来越复杂、庞大,一个"臃肿"的管理层不仅起不到什么积极作用,还会成为企业的累赘和负担。

原 MCI 电信公司总裁麦高文每隔半年便召集新聘用的经理开一次会议,在会议上他总会说:"我知道你们当中有些人从商学院毕业,而且已经开始绘制组织机构一览表,还为各种工作程序撰写了指导手册。我一旦发现谁这么干,就立即把他解雇。"

每次开会的时候,麦高文都会明确表达这样一种观点:每一位员工包括高级管理人员都不要为了工作而相互制造更多的工作。恰恰相反,他会鼓励每一个人对每一个工作岗位及每个管理层次提出质疑,看看它是不是真的需要被设立。比如,两个管理层次是否可以合并?每个职务的价值是否超过它的费用?这个职位的存在是否是在制造不需要的工作,而不是对生产有益?如果回答为"是",那就合并或精简它。

麦高文深深懂得一个道理,那就是公司每增加一个管理层,实际上就是把处在最底层的人员与处在最高层的人员之间的交流又人为地隔开了一层,所以 MCI 公司力求避免这种情况。由于精简了管理层次,MCI 公司上下沟通顺畅、快捷、有效,每个人都在努力地做最有价值的工作,因而整个公司变得富有生气和积极性,工作效率大大提高。

其实,不仅仅是 MCI 公司,其他一些管理完善、极富效率的优秀公司也都曾为此努力过,它们的特点大都是人员精干、管理层次少。例如,埃默森公司、施伦伯格公司、达纳公司的年营业额都在 3~6 亿美元之间,每个公司总部的员工都不超过100 人。这些公司的负责人都明白,只要安排得当,5 个层次的管理比 15 个层次的管理要好。

简化管理层次,鼓励人们减少不必要的工作,是优化管理的核心。一般来讲,企业规模越大,管理层次越多;在业务量不变的情况下,管理层次越多,所需人员越多,企业的运行成本就越高。所以，在企业能正常行使其管理职能的前提下，管理层次越少越好。

管理层次减少表现为一种扁平化的组织结构，这种结构具有更多的优越性，主要体现在以下 4 个方面：

1. 有利于提高管理效率

管理层次越少，高层领导和管理人员指导与沟通越紧密，工作视野也就越宽广、越直观，这样有利于把握市场经营机会，使管理决策快速准确。

2. 有利于精简组织结构

减少管理层次必然要精简机构，特别是一些不适应市场要求、能被计算机简化或替代的部门与岗位。

3. 有利于培养管理人才

组织结构的层次减少，一般管理人员的业务权限和责任必然放大，这样可以调动下属的工作积极性、主动性和创造性，增强其使命感和责任感；也有利于培养下属独立开展工作的能力，造就一大批管理人才。

4. 有利于节约管理费用

管理层次减少，人员精简，加上发挥计算机的辅助与替代功能，实现办公无纸化、信息传输与处理网络化，这样可以大幅减少办公费用及其他管理费用。

中层不能太"胖"

有人对美国 39 家公司进行了调研，研究结果表明，成功与不成功的公司的最大区别在于"单纯与否"。只有单纯的组织才最适合销售复杂的产品。

事实的确如此，大部分优秀公司的管理层员工相对较少，员工更多的是在实际工作中解决问题，而不是在办公室里审阅报告。它们的结构形式只有一种关键的特性：简单。只要具有简单的组织形式，用很少的员工就可以完成此项工作。

管理学家们对优秀公司的组织结构进行研究之后，得出这样一个结论：大型公司的核心领导层没有必要超过 100 人，即"百人规则"。

埃默森电气公司拥有 5.4 万名员工，但公司总部员工少于100 人；施卢姆贝格尔探油公司，一家拥有 60 亿美元资产的多元化石油服务公司，用大约 90 名管理层员工经营着这个覆盖全球的大帝国。

麦当劳的管理人员也很少，正符合雷·克拉克那句经久不衰的格言："我相信公司的管理应该是'人越少越好'。"全球零售业大王——沃尔玛公司，其创建者萨姆·沃尔顿说，他相信总公司总部空无一人的规则："关键在于走进商店仔细倾听。"

同样的规则也适用于一些经营状况良好的中小公司。当查尔斯接管价值 4 亿美元的克利夫兰公司时，他被行政人员的数目吓坏了。在几个月的时间里，他把公司总部人员从 120 人减到了 50 人。

那么，如何给组织减肥呢？美国联合航空公司前任主席爱德华·卡尔森曾提出过一个水漏理论。在大多数公司，中层管理人员除了做一些"整理工作"以外（如阻止一些观点向上传和阻止一些观点向下传）几乎真的没有什么作用。

卡尔森认为，中层管理人员是一层海绵，如果中层的人员少一些，亲身实践管理就能更好地发挥作用。全美最受崇敬的经理、美国通用电气的前任 CEO 杰克·韦尔奇在给通用减肥时，所采用的方法也是削减中层人员。

当杰克·韦尔奇在 20 世纪 80 年代初期走马上任时，通用电气看起来正是美国最强大的公司之一。韦尔奇担心通用的竞争者变得强大，他希望通用变得更有竞争力。为了达到这个目标，韦尔奇感到他需要一个流畅的和进取的通用，这意味着要将当时的通用尽可能地精简成为一个较小的——小得多的通用，使它像小公司一样行动敏捷。

当时通用有 42100 名雇员，其中有管理者头衔的竟有 25000 个雇员。大约有 500 名高级管理者和 130 名副总裁及以上级别的管理者。通用的组织是如此的庞大，以至于平均每两个雇员中就有一个是管理者。韦尔奇认为通用臃肿的组织已经成为累赘，它浪费了通用无数的财富。于是，他着力简化组织。他将管理层中的第二级和第三级——部门和小组完全删掉。在 20 世纪 80 年代，业务主管向高级副总裁汇报，高级副总裁向副执行总裁汇报，他们都拥有自己的办公职员。韦尔奇改变了这种做法，结果是，14 个事业部管理者直接向首席执行官办公室里的三个人——韦尔奇和他的两个副总裁汇报。

通过一系列的改革，通用从董事长到工作现场管理者之间管理级别的数目从 9 个减少到 4 至 6 个。韦尔奇通过减少一些高级管理层，使得每个企业只留下了 10 个副总裁，而其他类似通用规模的公司通常却有 50 个。现在他可以直接和他的企业管理者交流了。

新的安排被证明是惊人的干净利落、简单有效。主意、创见和决策常常以声速传播。而在以前，它们常常被繁文缛节和压抑沉闷的一道道审批所阻塞和扭曲。韦尔奇的通用"减肥"行动无疑是卓有成效的。

所有复杂的组织都会存在资源浪费和效率低下的问题，它使得管理者无法把目光专注在应该关注的事上。相反，却进行着数目极其庞大的、昂贵的、无生产力的活动。因此，要想使你的组织更有效率、更有活力，就必须给你的中层领导层减减肥。

现代企业面临的最大问题之一是机构臃肿带来的管理成本增加，有时管理成本甚至会超过交易成本。而机构臃肿带来另一个问题：不能灵活地采取行动。所以，中层管理层不宜太臃肿，扁平式的组织结构可以让企业变得更灵活机动而富有成效。

第4章 学会"抽离"很难，但很重要

抽出身来吧，别再瞎忙了

我们经常会看到这样两类领导：一类领导每天都很忙碌，大事小事都亲力亲为；另一类领导每天看起来都很闲，偶尔会到下面视察一下，大部分时间都是坐在办公室里喝咖啡。我们都会认为第一类领导是好领导，其实不然。

杰克·韦尔奇在谈到人们的"忙碌"与"闲适"时说："有人告诉我他一周工作90个小时，我会说，'你完全错了，写下20件每周让你忙碌90小时的工作，仔细审视后，你将会发现其中至少有10项工作是毫无意义的——或者说是可以请人代劳的。'"

当我们刚刚开始工作时，我们必然事事亲力亲为，什么事情都自己做。但如果我们不注意，就会养成事必躬亲的习惯。人们工作忙碌、混乱、效率低下的一个重要原因就是不懂合理授权，结果导致自己不能将精力集中在最重要的事情上。

著名的管理大师史蒂芬·柯维认为做不到合理授权是现代多数中层经理工作效能低下的主要原因。柯维博士认为："现代社会，许多大小公司的老板、部门主管早已被信息、电讯、文件、会议掩盖得透不过气来。几乎任何一项请求报告都需要他审阅，予以批示，签字画押，他们为此经常被搞得头昏眼花，根本无法对公司重大决策作出思考，在董事会议上他们很可能是最为无精打采的一类人。"

柯维博士认为，工作的效率不高就是因为被一些琐碎的事给拖住了后腿。例如，查尔斯就是曾向柯维博士咨询过的一位老板。

查尔斯是纽约一家电气分公司的经理。他每天都应付成百份的文件，这还不包括临时得到的诸如海外传真送来的最新商业信息。他经常抱怨说自己要再多一双手，再有一个脑袋就好了。他已明显地感到疲于应付，并曾考虑增添助手来帮助自己。可他终于及时刹住了自己的一时妄想，这样做的结果只会让自己的办公桌上多一份报告而已。公司人人都知道权力掌握在他的手里，每一个人都在等着他下达正式指令。查尔斯每天走进办公大楼的时候，他就开始被等在电梯口的职员团团围住，等他走进自己的办公室，已是满头大汗。

实际上，查尔斯自己给自己制造了许多的麻烦。自己既然是公司的最高负责人，那自己的职责只应限于有关公司全局的工作之上，下属各部门本来就应各司其职，以便给他留下足够的时间去考虑公司的发展、年度财政规划、在董事会上的报告、人员的聘任和调动……举重若轻才是管理者正确的工作方式；举轻若重只会让自己越陷越深，把自己的时间和精力浪费于许多毫无价值的决定上面。这样的领导方式，根本无法带动并且推动公司的发展，无法争取年度计划的实现。

查尔斯有一天终于忍受不住了，他终于醒悟过来了，他把所有的人关在电梯外面和自己的办公室外面，把所有无意义的文件抛出窗外。他让他的属下自己拿主意，不要来烦自己。他给自己的秘书做了硬性规定，所有递交上来的报告必须筛选后再送交，不能超过10份。刚开始，秘书和所有的属下都不习惯。他们已经养成了奉命行事的习惯，而今却要自己对许多事情拿主意，他们真的有点不知所措。但这种情况没有持续多久，公司开始有条不紊地运转起来，下属的决定是那样的及时和准确无误，公司没有出现差错。相反的，往往经常性的加班现在却取消了，只因为工作效率因真正各司其职而大幅度提高了。

查尔斯有了读小说的时间、看报的时间、喝咖啡的时间、进健身房的时间，他感到惬意极了。他现在才真正体会到自己是公司的经理，而不是凡事包揽的老妈子。

高效能的秘诀之一是授权，将工作交给别人做，使我们从实际操作者变成了管理者，从自己动手变成了控制其他人的活动。可惜一般人多吝于授权，总觉得不如靠自己更省时省事。其实，如果授权成功，我们所得到的远远超过我们亲力亲为所得到的。

《圣经》中的摩西就懂得只要使其他人来帮助他，他就可以完成更多的事。

当摩西带领以色列人前往上帝给他们的许诺之地时，他的岳父叶忒罗发现摩西工作过度，如果他继续那样做下去的话，人们很快就会吃苦头了。

所以，叶忒罗帮助摩西解决了问题。他告诉摩西将这群人分成几组，每组1000人，然后再分成100人一组，再将100人分为两组，每组各50人、最后，将50人再分成五组，每组各10人。

然后，叶忒罗告诉摩西，告知每一组的领袖必须解决他的组员所无法解决的任何问题。摩西接受了这一建议，指示那些领导1000人的小组领袖们只把那些他们也无法解决的问题告诉他。

自从摩西听从了叶忒罗的建议后，他就能够把自己的时间全部放在真正重要的问题上，也就是那些只有他才有能力来处理的事情上。

简单地说，叶忒罗教导摩西的是如何去领导支配那些追随者。他说："所有工作的完成都是从那些最没有才能、阶层最低的人开始做起的。"

如果我们既希望减少自己工作的复杂性，同时又希望完成更多的工作，授权是一项完全必需的技能。其实，只有把责任分配给其他成熟老练的员工，才有余力从事更高层次的活动。

没空间，再好的员工也出不来

很多领导都会犯这样的毛病，总是把员工牢牢地抓在手里，员工的一举一动都要尽在掌握，恨不得把员工拴在腰带上，随时带在身边。

其实，给员工足够的空间让其发展，会使员工充分发挥内在的潜力，从而提高工作效率。此外，它还能带给员工更完整的工作整体感、充实的责任感，以及对自我工作能力的肯定。从此，企业和个人就达到了双赢。

联邦快递成功的一个重要原因之一是重视员工，依靠优秀的管理原则取胜。他们扩大员工的职责范围，恰当地表彰员工的卓越业绩，激励员工去树立公司形象。

每天总有许多世界各地的商业人士花上 250 美元，用几个小时去参观联邦快递公司的营业中心和超级中心，目的是为了亲身体会一下这个巨人如何在短短 23 年间从零开始，发展为拥有 100 亿美元，占据大量市场份额的行业领袖。

联邦快递公司创始人、主席兼行政总监弗雷德·史密斯创建的扁平式管理结构，不仅得以向员工授权赋能，而且扩大了员工的职责范围。与很多公司不同的是，联邦快递的员工敢于向管理层提出疑问。他们通过求助于公司的保证公平待遇程序，以处理跟经理之间不能解决的问题。公司还耗资数百万美元建立了一个联邦快递电视网络，使世界各地的管理层和员工可建立即时联系，这充分体现了公司快速、坦诚、全面、交互式的交流方式。

20 世纪 90 年代初，联邦快递准备建立一个服务亚洲的超级中心站，负责亚太地区的副总裁 J. 麦卡提在苏比克湾找到了一个很好的地址。但日本怕联邦快递在亚洲的存在会影响到它自己的运输业，不让联邦快递通过苏比克湾服务日本市场。在联邦快递公司，这不是麦卡提自己的问题，必须跨越部门界限协同解决。联邦快递在美国的主要法律顾问肯·马斯特逊和政府事务副总裁多约尔·克罗德联手，获得政府支持。与此同时，在麦卡提的带领下，联邦快递在日本发起了一场轰动日本的公关活动。这次活动十分成功，使日本人接受了联邦快递连接苏比克湾与日本的计划。

联邦快递经常让员工和客户对工作作评估，以便恰当地表彰员工的卓越业绩。其中几种比较主要的奖励是：祖鲁奖：奖励超出公司标准的卓越表现；开拓奖：给每天与客户接触、给公司带来新客户的员工以额外奖金；最佳业绩奖：对员工的贡献超出公司目标的团队给一笔现金；金鹰奖：奖给客户和公司管理层提名表彰的员工；明星/超级明星奖：这是公司的最佳工作表现奖，奖金相当于受奖人薪水 2‰～3‰ 的支票。

在企业的日常管理中，人们可以明显地感觉到，对一个员工来说"我指示你怎样去做"与"我支持你怎样去做"，两者的效果是不同的。一个好的企业管理者，应善于启发员工自己出主意、想办法，善于支持员工的创造性建议，善于集中员工的智慧，把员工头脑中蕴藏的聪明才智挖掘出来，使人人开动脑筋，勇于创造。

第 5 章 中层"伤不起"

不要"欺负"中层

如今有两种"极端派"老板，一种是"极端官僚主义者"，他们非常相信中层干部的话，帮着中层"欺负"基层员工；还有一种是"极端民主主义者"，他们总认为"真理掌握在老百姓手中""群众说的就是对的"，常常帮着基层员工"欺负"中层。

这两种管理方式都是不合理的，尤其是帮着员工"欺负"中层。

随着近几年"官僚主义作风"被打压，"民主风"盛行，一些企业的中层们算是倒霉了。这些企业的老板或高管过于重视"基层的声音"，只要基层员工打自己主管或部门经理的"小报告"，他们马上就会把这些中层领导叫来臭骂一顿，为基层员工"做主"。这样一来，中层干部在他们的下属面前"灰头土脸""威信全无"，再也不敢放手管理。

其实相比于"官僚主义"，这种"过分民主"的危害更大。原因很简单，"中层"是任何一种组织中最为重要的一个环节。它起到了"承上启下"的作用，既要领会传达高层的思想和方向，又要承担组织管理基层员工进行具体操作的责任。中层就像一个承载着企业前途与命运的齿轮，只要出现"故障"，企业这架庞大的"机器"就会顷刻间崩坏。

所以，老板与高层管理者一定要倍加珍惜与呵护中层干部们，他们真的"伤不起"。

现在有很多老板和高管总是喜欢在基层员工面前训斥中层干

部，甚至是毫不留情面地臭骂。这样做一方面可以显示一下他们有多"民主"；另一方面还可以炫耀自己的"权威"，他们会一边骂中层干部一边在心里想：谁也别忘了，我才是真正的"领导"！

很多情况下，这些老板和高管都是故意这样做的，仅仅是为了显示一下自己的权威，找个机会就小题大做，臭骂中层一通。久而久之，中层干部就会变得不敢管事，也不愿管事，中层这个承载着企业前途和命运的"齿轮"就会逐渐老化、钝化，最终失去其应有的功能。而一个中层"机能失调"的企业必将迎来整体的衰退，直至最终灭亡。

并不是所有的"百姓"都是善良的，"民"中偶尔也会有"刁民"的。尤其是在中国这个百姓普遍不懂管理学，人情关系错综复杂的社会，就算本质善良的人也会因为思维局限变成"刁民"。在这种环境下，只要中层大胆管理，就必然会得罪人。这些对中层心怀不满的人，如果能够"幸运"地碰到一位"重视民意"的"好老板"，肯定会去"进谏"甚至是"哭诉"。如果老板仅仅是听了这些员工的一面之词就立即迁怒于中层，迫不及待地"为民申冤"，就会掉入某些"刁民"的圈套，成为他们泄私愤的工具。

退一步讲，即使中层真有不对的地方，应该受到批评，也应该注意批评的方式与方法，不要过分刺伤他们的自尊心。更重要的是，要充分顾及他们在自己下属面前的"面子"与"权威"，切忌在其下属员工面前不留情面地"痛斥"。

如果中层在其下属面前"颜面尽失"的话，他们就会逐渐失去在员工中的"威信"，甚至被员工看不起。这样做不但会极大地伤害中层的工作积极性，而且会极大地妨碍到他的团队的执行力，最终损害公司的整体利益。

总之，老板和高管们千万不要随便"欺负"中层，他们真的"伤不起"。

别让中层干基层的活

每一个稍具规模的企业都有基层、中层和高层之分，但是在很多企业中都会出现这样的现象：中层干基层的活儿，高层干中层的活甚至连基层的活儿也一起包了。

姜汝祥博士曾在他的著作中说："中层只有两种选择：要么作大气层，把高层战略的大部分热量都折射和损耗掉。要么作放大镜，把太阳的光芒聚集到一点，把纸点燃。"

大多数中层都是从基层中提拔起来的，所以他们很容易犯一个错误：找不准自己的位置，职位变了，思维没变。已经当上了经理，可心里还是一个员工。

当中层出现这样的问题时，领导应该及时点醒，而不是把中层甚至基层的活揽到自己身上。

松下幸之助曾发现他有这样一个中层部长。

1933年7月，松下发现家用电器中，使用小马达做驱动的电器愈来愈多，于是松下决定投资开发小马达。

过去马达都用在机器里，但是家用电器的现代化趋势，使得像电风扇那样的很多家电涌现出来，这些家电都需要用小马达。松下相信，家用电器大量使用小马达的时代即将到来。

于是，松下幸之助委任一个非常优秀的研发人员担任新产品研发部部长。中层接受任务后，带着部下买来的GE生产的小马达，着迷地拆卸与研究。有一天，松下幸之助正好经过中层的实验室，看到中层这么工作，狠狠地批评了中层一顿。

松下对中层说："你是我最器重的研究人才，可是你的管理才能我实在不敢恭维！公司的规模已经相当大了，研究项目日益增多，你即使每天干48小时，也完不成那么多的工作。所以作为研发部部长，你的主要职责就是造就10个，甚至100个像你这样擅长研究的人，否则我为什么让你担任研发部部长呢？"

　　中层的任务就是找准部门的目标，向它冲刺。对目标的冲刺可以超越战略的期望。一个公司的强大，一定是能量递增的结果。中层超越高层的期望，下层才有可能超越中层的期望。所以，超越期望的关键在中层。

　　作为领导，首先要使用好自己手下的中层，否则，不仅需要事必躬亲忙得脱不开身，还会打乱能让公司效率最大化的"层级管理"，得不偿失。

打造"黄金中层"

　　中层是企业承上启下的管理者，一个企业能否有效地运作，能否形成有战斗力的团队，往往要看一个企业有没有一个优秀的中层队伍。

　　企业想拥有一个"黄金中层"，重在倾力打造，但培训必不可少。

　　对中层管理者要进行理论上的培训。

　　尽管中层管理者当中有些已经具备了一定的理论知识，但总体上还需要在深度和广度上接受进一步的培训。理论培训是提高中层管理者管理水平和理论水平的一种主要方法，这种培训的具体形式大多采用短训班、专题讨论会等形式，时间都不很长，主要是学习一些管理的基本原理以及在某一方面的一些新进展、新的研究成果，或就一些问题在理论上加以探讨等。

　　理论培训有助于提高受训者的理论水平，有助于他们了解某些管理理论的最新的发展动态，有助于在实践中及时运用一些最新的管理理论和方法。为了能够尽可能地理论联系实际，提高受训者解决实际问题的能力，我们可借鉴德国的一些培训中心的做法。他们在对中层管理者进行培训时，实行一种称之为"篮子计划"的方法。即在学员学习理论的基础上，把一些企业中经常遇到并需要及时处理的问题，编成若干有针对性的具体问题，放在一个篮子里，由学员自抽自答，进行讨论，互相启发和补充，以提高对某一个问题的认识和处理能力。

为了更为密切地观察受训者的工作情况，还可以将其设为副职。

这种副职常常以助理等头衔出现。有些副职是暂时性的，一旦完成培训任务，副职就被撤销，但有些副职则是长期性的。无论是长期的，还是临时的，担任副职对于接受培训的中层管理者都是很有益的。

这种方法可以使配有副职的中层管理者很好地起到教员的作用，通过委派受训者一些任务，并给予具体的帮助和指导，来培养他们的工作能力。而对于受训者来说，这种方法又可以为他们提供实践机会，观摩和学习现职中层管理者分析问题、解决问题的能力和技巧。

有计划地提升也是常见的培训方式之一。

它是按照计划好的途径，使中层管理者经过层层锻炼，从低层逐步提拔到高层。这种有计划的提升，不仅管理者知道，而且受训者本人也知道，因此不仅有利于上级对下属进行有目的地培养和观察，也有利于受训者积极地学习和掌握各种必备知识，为将来的工作打下较为扎实的基础。

当有人度假、生病或因长期出差而出现职务空缺时，组织便指定某个有培养前途的下级中层管理者代理其职务，这样，就可以使用临时提升的办法来考察并提高下属的能力。临时提升既是一种培养的方法，同时对组织来说也是一种方便。代理者在代理期间做出决策和承担全部职责时所取得的经验是很宝贵的。与此相反，如果他们只是挂名，不做决策，不真正进行管理，那么在此期间能得到的锻炼就是很有限的。

除此之外，还可以对中层进行职位轮换。

职位轮换是使受训者在组织内部不同部门的不同主管位置或非主管位置上轮流工作，以使其全面了解整个组织的不同的工作内容，得到各种不同的经验，为今后在较高层次上任职打好基础。职务轮换包括非主管工作的轮换，主管职位间的轮换等。

　　除了以上介绍的方法之外，还有许多具体的方法，例如辅导、研讨、参观、考察、案例研究、深造、培训，等等。总之，组织各部门在具体的培训工作中，要因地制宜，根据自己的特点以及所培训人员的特点来选择合适的方法，使培训工作真正取得预期的成效。只有这样，才能打造出一群真正的"黄金中层"。

第6章 每个领导都知道"用人不疑",但真正做到的很少

用信任串联上下

在一个企业中,如果管理者对于自己的下属充分信任,相信下属能够自己独当一面;那么下属也会极力配合管理者的领导,并且坚信管理者能够让企业飞黄腾达。只有这样,管理者才能放心大胆地放权给下属,让下属充分展示自己的才华;只有这样,下属才能在心理上建立起一种忠于企业、忠于领导的信任感,才能积极配合领导的方针政策,努力工作,为领导制订的工作目标而努力。

第二次世界大战结束后,有人曾问艾森豪威尔,成功的领导公式应该是什么,这位联军的最高统帅给出了这样一个公式:"授权+赢得追随+实现目标。"他认为,管理者必须获得部下毫无保留的支持,但这种支持不是靠威逼斥责,而是靠信任部属,把权力下授给他们而得来的。因此,在工作中,他尽可能把某些职权授予下属,让自己集中精力去做最重要的事。

艾森豪威尔所说的"权力下授",就是授权,即管理者授予直接被管理者一定的权力,以便使被管理者能够相对独立、相对自主地开展有关方面的工作。授权是管理者智慧和能力的扩展、延伸和放大,有利于管理者腾出时间,集中精力去议大事、抓协调、管全局,有利于增强下属的责任心,调动下属的积极性,更好地去落实组织的各项工作任务。但是,科学合理的授权是以充分信任下属为前提的,这就要求管理者必须做到疑人

不用、用人不疑，只有充分信任下属，才能真正放开手脚让下属去做事，才能做到真正意义上的授权。

管理者要想获得员工的充分信任，就要在日常工作中培养员工的忠诚度，让员工忠心耿耿、尽心尽职地为自己"卖命"，只有做到这个程度，才能说明员工对企业已经产生了深深的信任和忠诚的情愫，但是管理者如何才能培养出这样的员工呢？这就要从以下 7 个策略入手，一步步培养出具有敬业精神的忠诚员工。

1. 鼓励创业，提升自我

公司应尽量给员工一个相对独立的发展空间，让员工有机会能够拓展自己的事业，这有助于企业的长期发展。事实上，很多员工都愿意为那些能给他们以指导的公司卖命，因为这样就意味着自身的能力能够不断得到提升，对将来实现自身价值也有很大作用，因此，"留住人才的上策是，尽力在公司里扶植他们"。

2. 及时夸奖，增强自信

企业领导应该多多对自己的员工进行夸奖，这样能够增强员工的自信心，让员工有一种得到赞赏的心理满足感。柏灵汀培训公司总裁丹尼斯说："你能向员工作的最有力的承诺之一就是，在他们工作出色之际给予肯定。"

3. 放下架子，不断授权

惠普公司是一个善于适当授权的公司，公司负责桌面电脑的美国市场经理博格说："对我们来说，授权意味着不必由管理人员做每一项决策，而是可以让基层员工做出正确的决定，管理人员在当中只担当支持和指导角色。"

4. 坦诚相待，沟通及时

及时而有效的沟通和坦诚而真挚的心态是每一位员工都愿意接受的一种态度。试想一下，如果管理者在头一天还当着全体员工的面振振有词地说企业的未来将多么前途无量，结果第二天员工就在报纸上看到了企业濒临破产的消息，这将是一种什么样的感觉？这种谎报军情的沟通方式不仅不能鼓舞士气，激发员工的战斗热情，甚至还将给企业雪上加霜，使员工产生不信任感，从而锐气大减。因此，正确的解决办法是，公开你的账簿，让每一个员工都能随时查看公司的损益表。

5. 挑战极限，设立目标

现在很多员工已经不仅仅满足于完成一些四平八稳的工作项目了，越来越多的员工则是希望自己的能力能够被最大限度地激发出来，因此，斗志激昂的员工总是爱挑战极限。这个时候，如果企业能不断提出高标准的目标，能够不断刺激他们挑战极限、超越自我，他们就会留下，不断为企业创造价值。对此，管理顾问克雷格曾经说："设立高期望值能为那些富于挑战的有贤之士提供更多机会。留住人才的关键是，不断提高要求，为他们提供新的成功机会。"

6. 股票基金，经济保障

很多人对金融市场账户和公共基金等一无所知，因此只得自己为自己安排退休费用。很多企业即使不提供养老金，至少也会在员工的黄金年代给他们一些现金或股票。霍尼韦尔公司允许其员工拿出15％以下的薪金投入一个存款计划，同时还允许员工半价购买等值于自己薪金4％的公司股票。另外，员工能在公开股市上购买霍尼韦尔股票，而且免收佣金。霍尼韦尔的质检部副总裁爱温说："这项政策旨在使所有霍尼韦尔员工都拥有公司的股份。如果你是当家做主的，就与公司和公司的未来休戚相关了。"

7. 深化教育，不断学习

现代社会瞬息万变，要想在这个竞争激烈的社会中争得一席之地，就需要不断强化自己的专业知识，不断提升自身的职业修养，这样才能不被时代所淘汰。在信息市场中，学习绝非空耗光阴，而是一种切实需求。在这方面，惠普公司就做得很好，惠普允许员工脱产攻读更高学位，学费 100％报销，同时还主办时间管理、公众演讲等多种专业进修课程，通过拓宽员工的基本技能，使他们更有服务价值。

"用人不疑"靠的是气度

"用人不疑，疑人不用"这句话所有的领导都会说，但真正做到的没有几个。一个善于用人的管理者，不仅不要轻易怀疑别人，而且能以巧妙的处理方式，显示自己用人不疑的气度，消除可能产生的离心力，使得"疑人"不自疑。古代很多君王便是精通此道的高手，唐太宗李世民就是其中之一。

唐太宗在用人上，除了"水能载舟，亦能覆舟"这句流传千古的名言之外，唐太宗还有一句至理名言，那就是"为人君者，驱驾英才，推心待士"。意思是说，身为一名君王，如果想要做到自如地"驱驾英才"，就必须做到对人才推心置腹，不怀疑他们，不对他们怀有戒备之心。唐太宗鉴于前朝隋文帝用人"多疑"的弊病，深感"君臣相疑，不能备尽肝膈，实为国之大害也"的教训，遂采取了对人才"洞然不疑"的做法。

高祖武德三年（620 年），唐太宗劝降刘武周的将领尉迟敬德不久，尉迟敬德手下的两个将领就叛逃了。有官吏据此认为，尉迟敬德必定也会造反，于是没有向唐太宗请示，就将尉迟敬德囚禁于大牢中，并力劝唐太宗赶快将他杀掉。但是，唐太宗非但没有杀掉尉迟敬德，反而把他放了，并且召其进入自己的卧室，温语相慰，使之放宽心，临分别的时候还送给他一批金银珠宝。尉迟敬德被唐太宗的这种坦诚之心深深感动，发誓"以身图报"。后来，他果然为唐太宗立下了汗马功劳，甚至在唐太宗与王世充的斗争险境中救了唐太宗一命。

唐朝初期，政治清明，不存在朋党之争，但也偶尔会有一些小人利用唐太宗推行"广开言路"政策的机会，故意诽谤君子，谗害贤臣。为了不使这些小人得逞，唐太宗决定采取法律措施，对诽谤、诬陷者均"以谗人之罪罪之"。贞观三年（629年），监察御史陈师合觊觎房玄龄、杜如晦的宰相之位，遂上奏书"毁谤"房玄龄、杜如晦"思虑有限"。但唐太宗十分了解房玄龄、杜如晦两人的忠诚和才能，识破了陈师合的弹劾是"妄事毁谤"。于是对陈师合给予法律制裁，"流放到岭外"，从而使真正的贤士良才安心任事，充分发挥他们治国的才华。

由于唐太宗用人不疑，推诚以任，有不少突厥降将愿意肝脑涂地为其所用。契苾何力就是一个典型的例子。

契苾何力原是突厥一个可汗的孙子，贞观六年（632年），他同母亲一同归属唐朝，唐太宗把他安置在甘、凉二州一带。后来，契苾何力同大将李大亮等攻打吐谷浑，建立了赫赫功勋。薛万均歪曲事实真相告契苾何力意欲谋反，契苾何力回朝后马上向唐太宗说明了真实情况，唐太宗对他更加信任，还把公主许配给了他。

有一年，契苾何力到凉州探亲时，他的部下一致劝他归降薛延陀，遭到了他的坚决反对。在部下的胁迫下，他割耳自誓，坚贞不屈，外界误传他已经叛唐，但唐太宗自始至终都对他非常信任。从此以后，契苾何力对唐王朝越发忠诚，唐太宗弥留之际，他还请求杀身殉葬，唐太宗坚决不许，他才作罢。

古人云："疑则勿任，任则勿疑。"用人不疑，这是管理者使用人才必须注意的原则。唐太宗曾说："但有君疑于臣，则不能上达，欲求尽忠虑，何以得哉？"把这句话推而广之，用人者怀疑被用者，对他办事不放心、不放手，就不能充分发挥被用者的作用。历史上无数事实也证明，在"知人"的基础上做到疑人不用、用人不疑，方能成就大事。

第 7 章 "大权"与"小权"

大权要独揽，小权要分散

领导并不意味着什么都得管，要懂得放权，但放权也是要有底线和原则的，否则会把自己搞成"傀儡"。领导对权力最合理的处理方法就是大权独揽，小权分散，做到权限与权能相适应，权力与责任密切结合。

《韩非子》里有这样一个故事：

鲁国有个人叫阳虎，他经常说："君主如果圣明，当臣子的就会尽心效忠，不敢有二心；君主若是昏庸，臣子就敷衍应酬，甚至心怀鬼胎，表现上虚与委蛇，然而暗中欺君而谋私利。"

阳虎这番话触怒了鲁王，阳虎因此被驱逐出境。他跑到齐国，齐王对他不感兴趣，他又逃到赵国，赵王十分赏识他的才能，拜他为相。近臣向赵王劝谏说："听说阳虎私心颇重，怎能用这样的人处理朝政？"赵王答道："阳虎或许会寻机谋私，但我会小心监视，防止他这样做，只要我拥有不致被臣子篡权的力量，他岂能得遂所愿？"赵王在一定程度上控制着阳虎，使他不敢有所逾越。阳虎则在相位上施展自己的抱负和才能，终使赵国威震四方，称霸于诸侯。

赵王重用阳虎的例子给我们现代管理者的一个启示就是，管理者在授权的同时，必须进行有效的指导和控制。这样既可以充分地利用人才，又可以避免因下属异心而导致管理上的危机。

"用人不疑，疑人不用。"管理者要做好授权，就应当放手让下属去干，不随意干预下属的工作，这样才能充分调动下属的积极性，激发出下属的潜能。

《吕氏春秋》记载，孔子弟子子齐，奉鲁国君主之命要到亶父去做地方官，但是，子齐担心鲁君听信小人谗言而从上面干预，使自己难以放开手脚工作，充分行使职权发挥其才干。于是，在临行前主动要求鲁君派两个身边的近臣随他一起去亶父上任。

到任后，子齐命令那两个近臣写报告，他自己却在旁边不时地摇动二人的胳膊肘，使得整个字体写得不工整。于是，子齐就对他们发火，二人又恼又怕，请求回去。二人回去之后，向鲁君报怨无法为子齐做事。鲁君问："为什么。"二人说："他叫我们写字，又不停摇晃我们的胳膊。字写坏了，他却怪罪我们。我们没法再干下去了，只好回来。"

鲁君听后长叹道："这是子齐劝诫我不要扰乱他的正常工作，使他无法施展聪明才干呀。"于是，鲁君就派他最信任的人到亶父向子齐传达他的旨意：从今以后，凡是有利于亶父的事，你就自决自为吧。五年以后，再向我报告要点。

子齐郑重受命，从此得以正常行使职权，发挥其才干，亶父得到了良好的治理。

这就是著名的"掣肘"的典故。

后来孔子听说此事，赞许道："此鲁君之贤也。"

古今的道理一样。管理者在用人时，要做到既然给了下属职务，就应该同时给予其职务相称的权力，放手让下属去干，不能大搞"扶上马，不撒缰"，处处干预，只给职位不给权力。

用分权来制权

春秋战国时期，齐桓公不计前嫌任用管仲被传为千古佳话，但这用才背后隐藏的集权与分权的辩证关系更能警策后人。

齐桓公在任命管仲之前曾经征求臣下的意见，让同意的人站左边，不同意的人站右边，唯独东郭牙站在中间。齐桓公不解，问之，东郭牙说："您认为管仲具备平定天下的能力与成就大事的决断力，还不断增扩他的权限，难道您不认为他也是一个危险的人物吗？"

齐桓公沉默了一会儿，最后点头。于是，他便任用鲍叔牙等人牵制管仲。

这个故事告诉我们的是：

首先，管理者要有分权意识，要像齐桓公那样敢于分给管仲等人以相当的权力。事实表明，管理说到底是用人成事的艺术，管理者只有善于发现贤能之士而授之以权，使之各负其责，各尽其能，各展所长，才能成就一番事业。

其次，在分权的过程中，要防止集权现象的产生。管理者应深刻明白，权力不受监督、制约就必然产生腐败，设法在下属之间形成权力制衡关系，以防止少数人专断和产生腐败现象。

当今，是一个讲究分权制衡的时代，为了防止权力腐败，任何人的权力都必须接受监督和制约。不过，人类社会演绎到现在已经不同于千百年前的专制王权，所以权力制衡是必要的，但这主要是为了防止某些人的个人专断和权力变异，而不是为了巩固上级领导的权力，更不是统治者所推崇的那种分权治下的权术。

中国行政制度自古就十分重视分权制衡的必要性。

秦汉时，中央设三公九卿。三公指丞相、太尉、御史大夫，他们同为宰相。丞相总领百官，处理万机，为国家最高行政首长；太尉掌军事，一般由皇帝亲自兼任，或缺而不授；御史大夫掌图籍章奏和监察。行政权、军事权、监察权分立。丞相地位最高，权力最大，上听命于皇帝，下有御史大夫监察弹劾。而且丞相又分为左右，因此，丞相要受到诸多牵制。太尉负责国家军事，废置无常，掌管武官的选授和考核等，但无调兵权。

御史大夫地位比丞相、太尉要低得多，但可以监察文武百官，纠弹丞相、太尉。

这种互相牵制的艺术固然可以使权力均匀分散，让重要权力集中于中央、君主，然而也存在一些弊端，比如多设官吏会造成机构臃肿，人浮于事，影响行政效率。而且多设官吏，正职之外又设副职、监察官来互相监督牵制，以禁止别人以权谋私；如果副职、监察官也想以权谋私，谁又来禁止他们呢？再派人牵制副职、监察官，势必造成人人自危的局面。

因此，分权制衡要有目的，要有针对性，不能盲目安插牵制职位，防止陷入类似于北宋末因冗员过多而不得不变法改革的困境。

要驾驭好集权和分权这两把剑并非易事。管理者可以参考松下幸之助的一些管理办法：

分散与集中结合得比较紧密。一方面，松下公司的事业部，是权、责、利相统一的独立核算的经营单位，事业部的部长被授予公司总经理那样的大部分权力，在产品开发和人、财、物与供、产、销等方面都有自主权。另一方面，事业部又要接受总公司的财务管理和严格考核。

松下幸之助灵活地运用这个事业部的制度，不断地根据企业内外环境的变化对集权和分权进行合理的调整。

有了良好的组织机构，还需辅以合理的责任制，使每个部门、每个工作人员各司其职、各尽其责，高质量、高效率地完成各自承担的任务，使领导系统的整体功能建立在合理的、明确的职务分工、责任分工、权力分工和合理的利益分配基础之上，这样有利于克服职责不清、功过不分、不讲效率的现象，有利于增强工作人员的事业心和责任感，发挥其主动性和创造精神。

第8章 分清"管理型人才"与"业务型人才"

分清"管理型人才"与"业务型人才"

如今有很多企业对管理的概念不明晰，极大地混淆了管理和业务的关系。其实，管理与业务本是两码事，业务好的人未必懂管理，管理好的人也未必精业务。

业务对企业来说，就是赚钱的具体途径、手段，而管理就是把赚钱这件事做好的方法。这两个概念乍看上去似乎没什么区别，深究起来其实大有不同。做事的方法往往比事情本身重要，因为只要有好方法，做起事情来事半功倍，效率非常高。

现在有很多企业都存在以业务来判断管理的惯性思维。它们的用人思维往往是这样的：提升某位员工当经理，是因为他的业绩很出色，或是因为他们干的时间长，业务经验很丰富。

这完全是一个错误的逻辑，一个人的业绩好，只能代表他自己的成绩，而一个管理者是要对一个团队负责的。把干的时间长，经验丰富作为评价一个人是否适合做管理者的依据之一，难免有失偏颇。因为一个人干的时间长，只能证明这个人办事的熟练度高而已，未必能证明这个人办事的理念先进、思维明晰、富有创造性和具有高效率。办事的熟练度高，未必能证明办事的质量高，这是两码事。而且丰富的经验和高熟练度往往会让人产生思维与行为的惯性与定式，从而使人变得固执、抱残守缺而缺乏进取心与创造性。这也就是我们常说的"经验主义害死人"。

我们经常会看到这样的场面，一个在某个行业工作了很久的人，为了否定一个新人的创新建议而说这样的话："在这个行业里，你干的时间长还是我干的时间长？"这么一句蛮不讲理的话往往会把新人堵的哑口无言，进而扼杀了很多富有创造性的想法和建议。一件事情的对与错取决于这件事情的本身，而不取决于谁干的时间长。我们如果要否定一个人，就应该拿出充分否定这件事的证据，而不是摆老资格。

实际上，在现实生活中，这种思维的害处已经无处不在了。我们经常可以看到，一个在基层岗位业绩非常耀眼的业务人才，被提拔到了管理者的岗位上后便迅速凋谢；我们还可以看到，有很多管理得一塌糊涂的企业，其实并不缺乏拥有十年乃至几十年业务经验的业务高手。

"管理型人才"和"业务型人才"有很大区别，一个好士兵未必能成为一个好将军。作为领导一定要将这两类人才分清，避免混淆概念，埋没人才。

用人就要用他最突出的地方

作为一个管理者，应该一分为二地看人，某个人在某方面有突出的地方，就一定会有不突出的地方。这需要管理者在用人时，准确把握其优势和劣势，发挥其长处，避免其短处。

美国柯达公司在生产照相感光材料时，工人需要在没有光线的暗室里操作，为此，培训一个熟练的工人需要相当长的时间，并且没有几个工人愿意从事这一工种。但柯达公司很快就发现盲人在暗室里能够行动自如，只要稍加培训和引导就可以上岗，而且他们通常要比正常人熟练得多。

于是，柯达公司大量招聘盲人来从事感光材料的制作工作，把原来的那一部分工人调到其他部门。这样，柯达公司充分利用了盲人的特点，既为他们提供了就业机会，也大大提高了工作效率。这不能不归功于"掌门人"高明的用人策略。

由此可见,管理者只要用人得当,缺点也可以变成优点。事实上,一个人的优点和缺点不是一成不变的,而且长处和短处是相伴而生的,常见到有些长处比较突出、成就比较大的人,缺点也往往比较明显。

至于那些胆大艺高、才华非凡的人由于某种原因而受到歧视、打击,这些"怪才"管理者更要理解他们的苦衷,尊重他们,为他们提供一个发挥才能的空间。如果管理者跳出传统的思维定势,从客观实际出发,有针对性地用人之短,往往能起到意想不到的效果。

一家公司的招聘登记表格中,有这么一栏:"你有什么短处?"有一次,一位下岗女工来应聘,在这一栏填上了"工作比较慢,快不起来"。朋友一致认为,她是不可能被录用的,谁知,最后老板亲自拍板,录用了这位女工,让她当质量管理员。

老板说,慢工出细活,她工作慢,肯定会细心,让她当质量管理员错不了,再说,她到过许多地方应聘,没有被录用,到这里被录用了,肯定会拼命地干,以后,我们公司肯定不会有退货了。结果,正如老板所预言那样,她工作成绩显著,公司的确很少有退货了。

在这个案例中,老板充分发挥了"从短见长"的才智,充分发挥了各人的优势取得了成功。管理者需要注意的是,越是天才越有缺陷。有缺陷的天才就因为他有一方面的欠缺,才有了另一方面的优势。反之,样样精通的人成不了天才。因为样样都会的人意味着他样样都不会,一个人只有专注、专一、专心,他才有可能成为天才。

李响在美国化工公司中国分公司担任技术员。他的专业能力很强,不仅对自己工作范围内的技术问题能够轻松解决,还时常跨部门研究,经常帮助其他部门的同事搞定科研难题。他对研究技术表现出非常人所拥有的兴趣，经常为了弄懂一个小问题，而加班到深夜。公司的领导很器重他，不仅送他去公司总部进修，还时常让他担任科研项目负责人，李响每次都能出色地完成。

但是李响有一个致命的缺点，那就是不善于与人沟通，缺乏团队合作精神。在本部门内部，只要别人不喊他的名字，他绝对不会说话。在他带领的科研项目中，他往往只是简单地发给大家一个任务表和计划表，就不再交代什么。下属们每次都要反反复复地找他沟通好几次。并且他很固执，当别人与他探讨技术方案的时候，无论对他提出的方案有任何反对意见，他都不接受，即使只是细小的修改他也寸步不让。总经理感到很头痛，却无良策。为了不限制他在技术上的发挥，只好委屈他人，任其由着自己的性格进行工作。

需要提醒的是，管理者在用有缺点的下属时需要掌握的一个重要原则，就是要做好控制，不然就会纵容下属犯错。有家鞋厂的会计，他在管账时经常出错。但他有一个优点：交际能力很强。于是，老总把他调到营销部门。待了一年，业绩斐然。这件事在单位里传为美谈，员工们认为老总慧眼识珠，把一块石头变成了金子。但一次偶然的机会，公司让他负责购进原材料。由于他的粗疏大意，被别人以次充好，公司一下子损失一百多万。

在很多管理者看来，短就是短，但殊不知，短也是长。即所谓："尺有所短，寸有所长。"清代思想家魏源说："不知人之短，亦不知人之长，不知人长中之短，不知人短中之长。则不可能用人。"中国智慧充满了辩证法，就看管理者是否具备这样的眼光。

第 9 章 "闲人"不一定"闲"，"忙人"也不一定"忙"

"忙人"和"闲人"

在职场中，未必"忙人"越多越好。有时候，一些看起来很"闲"的人，往往发挥着不可替代的作用。

几乎所有的老板都会关注一个员工工作量满负荷度的问题。这本身并无差错，但如果将其绝对化就会有失偏颇。因为对于员工来说，绝对不是所有人都越忙越好。很多老板只要看到所有的人忙得团团转就以为是一片繁荣的高效率景象，就会开心、满意，这绝对是一个不懂管理的老板。俗话说，越忙越乱。人在忙的时候往往是疲于应付的，只是想着赶快弄完就行，很难考虑到方法和效率的问题。

某公司最重要的业务部门一开始只有一位女经理，可是经过一段时间的工作后，领导发现她实在是忙不过来，部门内问题成堆她也无暇顾及，只好为她配了一位副经理。但是过了一段时间后，领导发现这两位经理又都忙得不可开交，部门内的问题依旧堆积如山，而且有愈积愈多之势。情急之下，领导只好又为他们配备了两位经理助理，以为这下总会使局面有个彻底的转变。但是，结果却令领导大跌眼镜，该部门的领导从一位变成了四位，尽管每个领导从一上任开始就忙得团团转，没有人偷懒，但是部门内的问题却依然不见有丝毫解决的迹象。

领导百思不得其解，经过一段时间的近距离观察后，终于发现了问题所在。

原来，这几位部门领导压根儿就忘了自己是"管理者"，他们所有的精力都放在一些业务琐事上，这让他们疲于应付，无暇他顾。他们的手机一天 24 小时响个不停，不管大事小事，员工都会推到他们这里寻求解决的办法，而他们也非常"负责"，一一予以处理，哪里有问题就第一时间跑到哪里。他们总是忙碌地奋战在战斗第一线，却从不认真思考问题的起源以及解决问题的方法。因此，所有的问题都得不到根本的解决，不停地重复发生，而他们所能做的事情，就是不断重复地去解决。

这样做的结果是，虽然他们非常敬业，非常忙碌，但老板不满意，他们自己也沮丧。

上述案例中出现的情况在很多公司里都存在，但都没有得到足够的重视。在一个企业里，总得有几个不忙的人，在一旁静静地观察和思考。总得有个人静下来，不能让公司里所有的人都是忙人。一个静下来的人耐心观察一个星期，解决一个问题，就可能让一堆大忙人提高几倍的工作效率，节省出大量时间。所以，这样的静绝对不是一种"冗员"或者是养了闲人，相反，这样的静与闲恰恰是为了保证企业的高效运转。当然，这些"静下来的人"素质一定要高，素质低的人是不可能担此重任的。这样的人要老板亲自选，要通过长期观察进行资格判断。否则，就会有养闲人的风险。

以后管理者们要注意了，公司里人人忙得团团转、一派热火朝天的景象并不一定是好事。公司里总得有几个"闲人"来回溜达观察，也并不一定是坏事。

明确责任才能堵住借口

为什么在很多公司中，上司们总是没有足够的时间来应付工作，同时，他们的下属却没有足够的工作去打发时间？原因就是公司角色错位，上司承担了员工的工作任务，上司们背负了下属甩出的责任。当下级把工作推给上司，也就是所谓的"在其位，未谋其政"，借口也就由此开始落地生根了。

有一天，陈主管走进办公室时，下属小梁向他打招呼："早上好，主管！我们遇到一个问题，你看看……"得知事件的由来后，陈主管又再次处身于一个熟悉的处境——他成为问题的知情人，他有责任处理这个事件，但他没有足够的资料为小梁即时做决定。最后，他回答："十分高兴，你让我得知这件事情，但我现在赶着处理另一件事务。让我想想，想到方法后，我将会通知你。"小梁为了确保主管不会忘记这件事，经常将头探进主管办公室，欢快地询问道："怎么样了？"

威廉·安肯三世和唐纳德·L. 沃斯曾在《哈佛商业评论》上撰文，以"在背上的猴子"的隐喻来分析案例中类似的事件。主管与下属碰面前，这只"猴子"伏在下属的背上，但两人相谈后，下属成功地让背上的猴子跳到了主管的背上。猴子会一直伏在主管的背上，直至主管将它交回所属的拥有者。当主管接受这只猴子时，他承担了两件原为下属应有的职责：第一，他被下属分派了工作；第二，他被该下属监督，需向下属报告事情进度。因此，他便无言地认同了比他的下属还低的职位，而那些用以处理这只猴子的时间被称为"部属占用的时间"。

角色错位往往是因为上下级责任不明确造成的。上下级责任不明确，管理者和下属都在以自我为中心，没有以公司结果为导向。因此，上下级间相互推卸责任、相互扯皮，带来了从上至下的借口。

上司怀抱着这么多"猴子"，因为员工没有处理的主动权，上司的工作变得琐碎，而员工却又浑浑噩噩。上司统揽一切，员工就只需把指头指向老板，"不知道，问我们领导""不会，我去找领导"。

同时，上司怀抱着太多的"猴子"，工作量加大。当上司意识不到这是自身角色错位造成的时候，其心态就会失衡。在这

— 41 —

种情况下他会觉得，我每天做这么多的工作，辛辛苦苦，任劳任怨，到头来上级还不满意，下属还不理解，委屈得不得了。受了委屈之后，就会带着情绪工作，灰心懈怠，心想既然这么辛苦也得不到认可，还不如不干。因此，为了逃避更多的责任，他也会选择借口。

因此，企业要想从上至下没有"借口症"，就需要明确各级员工的责任。概括来说，管理者的主要职责是正确领会高层的指示精神，创造性地结合本部门的工作实际，有效指挥和监督下属开展工作，保证完成上级下达的各项计划和指令。

普通执行者的职责就是在上级领导的安排下，具体执行任务过程和细节，保证任务按时按质按量完成。

责任明确才能保证没有借口地执行到位。在此基础上，管理者首先要懂得授权。一个管理者或许只能用30％或者更少的精力投入一件事，而授权给员工则意味着100％的精力投入。员工100％的精力与你30％以下的精力相比，谁能做得更好，可想而知。授权并不是说什么都不管，而是让管理者从事务性、常规性的工作中解脱出来，有更多的时间与精力关注、开拓新的领域，构思企业未来的发展战略。

充分授权的同时，管理者还应该了解下属工作的进展情况，对被授权者的工作不断进行检查，掌握工作进展信息，或要求被授权者及时反馈工作进展情况，对偏离目标的行为要及时进行引导和纠正。

其次，管理者要尽量把行动的主动权还给下属，并使下属始终保持这种主动权。作为一个管理者，要注意一点：在发掘下属的主动性之前，必须保证下属具有主动性。一旦管理者把这种主动性还回去了，自己就可以有更多的自由支配时间了。

赵蕊是一名设计师，供职于一家大型建筑设计公司。该公司要求设计既要考虑到顾客的要求，也要考虑到施工方的能力，还要考虑到设计者的个性。在工作中，赵蕊的老总要求每一位设计人员对自己的作品负责，不要把问题推给任何人。

有一次，老板要赵蕊为一名客户做一个写字楼的可行性设计方案，时间只有 3 天，客户的要求很挑剔，但老板只说了一句"所有的事都交给你了"就转身离开了。

接到任务后，赵蕊看完现场就开始工作了。3 天时间里，她都在一种异常兴奋的状态下度过。她跑工场、看现场，光楼梯就爬了 25 层，去地下车库也是二话不说。根据老板的要求修改工程细节，虽然异常辛苦，但赵蕊毫无怨言。能得到老板的信任，可以自由地实现自己的设计理念，这使赵蕊不但不感到委屈，反而挺自豪。她常常加班加点，废寝忘食，满脑子都想着如何把这个方案弄好。她到处查资料，虚心向别人请教。

3 天后，她带着布满血丝的眼睛把设计方案交给了客户，得到了客户的肯定。客户当着老板的面称赞了赵蕊，说她表现很卓越，设计水平一流。

赵蕊后来对老板说："关键是你的信任和授权让我们都有做事的冲动，你的管理很到位。"

老板也对赵蕊说："如果你不能完成，我也许就要把你辞掉，但是你做到了。"

作为员工，工作中遇到林林总总的问题时，职责所在，不要幻想逃避，不要依赖他人的意见，要敢于作出自己的判断。对于自己能够判断，而又是本职范围内的事情，大胆地去拿主意，不必全部禀明老板。否则，只会显得你工作无能，也显得上级领导无方。

当上下级角色定位准确，职责分明，整个企业才能形成一个有序的生产流程，企业才能避免借口文化的滋生和繁衍。

第 10 章 "垃圾"有时只是
跟错领导的"金子"

没有差员工，只有差领导

一位乡村邮递员，名叫希瓦勒，每天奔走在各个村庄间。有一天，他在崎岖的山路上被一块石头绊倒了。

他发现，绊倒他的那块石头样子十分奇特，他拾起石头，左看右看，有些爱不释手。

于是，他把那块石头放进邮包里。回到家里，他端详着自己手里的这块石头，突然产生一个念头，如果用这些美丽的石头建造一座城堡，将是多么美丽啊！

20 多年后，在他偏僻的住处，出现了许多错落有致的城堡，这些城堡风格各异，变幻多样。当地人都知道这样一个性格偏执、沉默不语的邮差，在做如同小孩建筑沙堡一样的游戏。

1905 年，美国波士顿一家报社的记者到此地采访，偶然发现了这群城堡，为之惊叹不已，记者为此写了一篇介绍希瓦勒的文章。新闻刊出后，希瓦勒迅速成为新闻人物，许多人都慕名前来参观他的城堡，连当时最有声望的大师级人物毕加索也专程参观了他的建筑。

在众人看来满山遍野的石头，其价值几乎忽略不计，但在邮递员希瓦勒这里竟被缔造成了奇迹城堡，价值增值不可估量。如何来解释这种价值的巨大变化呢？

在经济学上，任何物品要想成为商品并拥有价值，都必须具有可供人类使用的价值，毫无使用价值的物品是不会成为商品的。一块普通的石头,人们用它来建筑房屋、修公路的时候,它的使用价值是很有限的;可当一个石头被赋予"愿望"的标签时,就变得具有稀缺性,这些"有愿望的石头"在邮差 20 多年的历练下被建成错落有致的城堡,不仅具有使用价值,还有了美的欣赏价值,具有了资源的稀缺性,价值自然大幅增加。

这与德尼摩定律有着异曲同工之妙。每个人、每样东西都有一个它最适合的位置。管理者应让成就欲较强的优秀员工单独或牵头完成具有一定风险和难度的工作,并在其完成时给予及时的肯定和赞扬;让依附欲较强的员工更多地参与到某个团体中共同工作;让权力欲较强的员工担任一个与之能力相适应的管理职位。同时要加强员工对企业目标的认同感,让员工感觉到自己所做的工作是值得的,这样才能激发员工的热情。

现实工作中,存在着这样一些管理误区:管理者依照企业制度安排人的位置,不善言辞的员工被安排去组织展销会,许多头脑里新点子迭出的员工却被安排做财务……这使得许多员工的优势得不到发挥,不仅浪费了企业的人力、物力,还打击了员工的工作积极性。将人员安排在适合的位置上,达到人事相宜,是德尼摩定律的一项重要原则,也是企业管理者重要的管理法宝。

找准位置,才能让人才"发光"

霍建宁和周年茂是李嘉诚手下的两员大将。李嘉诚发现霍建宁是一个策划奇才,却不是一个冲锋陷阵的闯将,于是在 1985 年任命他为长江集团董事,两年后提升他为董事总经理,让他在幕后工作。外界媒体称霍建宁是一个"全身充满赚钱细胞的人",长江集团的每一次重大投资安排,股票发行、银行贷款、债券兑换等,都是由霍建宁策划或参与抉择的。为了发挥霍建宁的长处,李嘉诚较少派他出面做谈判之类的工作,而是给了他一副新的担子，为李嘉诚当"太傅"，肩负培育李氏二子李泽钜、李泽楷的职责。

李嘉诚发现周年茂做事干脆，口才很好，于是指定他为公司的代言人。周年茂看起来像一位文弱书生，却颇有大将风范，该进该弃，都能够把握好分寸，这一点正是李嘉诚最放心的。

一旦管理者对员工的才能、兴趣了然于胸，下一步要做的就是针对某项特定的工作选择适合的人来做，做到"人得其位，位得其人"的高度匹配。

李嘉诚善于识人，又能够把人才放在适当的位置上，这是其成功的重要原因。有许多管理者常感叹手下无人可用，其实他不明白：没有平庸的员工，只有平庸的管理。

管理者要想人事相宜，就应当因人而异，为不同类型的员工安排不同的工作。

放手让经验丰富的"上将型"员工独立做一些具有挑战性的工作。这类员工经验丰富，能力卓越，管理者尽管放手让他们完成工作。同时，因为这类员工具有很强的能力，他们往往自视较高，所以应给予这类员工充分发挥能力的余地和空间，让他们感到被重视，获得自我价值的实现。

为具有一定经验的"良卒型"员工安排较有决策力的工作。应不时监察他们的工作进度，但要顾及他们较强的敏感心理，不露痕迹地进行监察。管理者应重视鼓励和期待的力量，要对"良卒型"员工进行正面的促进，尽量少用或不用负面的批评、惩戒。

为没有经验的"健马型"员工提供学习机会。这类员工常常是刚入公司的年轻人，他们在公司中不占少数。作为一名管理者，切不可忽视这类员工的存在，因为他们中间必将出现一批优秀人才，支撑起公司的未来，你要做的正是发掘这类员工，给他们机会，锻炼和提拔他们。缺乏经验不等于缺乏能力，应该帮助年轻员工树立信心，指导他们并对其行为做出适时的反应。

为"边角料型"员工提供特殊岗位。这类员工让管理者十分头疼，用之不济，弃之可惜。边角料型的员工常常少言寡语，不大合群，从来不主动找管理者谈话，对于公司来说，他们近乎于局外人，但是当公司面临紧急任务、特殊任务时，往往正是他们大显身手之时，这使他们成为应急求援的好对象。其实，这样的员工对于企业来说也是一笔财富。高明的管理者能通过有效的管理让这类员工充分展现自己的特殊才能。

总的来说，在一个企业里没有石头般的员工，有的全是金子似的人才。而如何让这些金子发出耀眼的光芒，主要是看管理者把这块金子放在什么位置。只有把合适的人才放在合适的位置，这些人才才能散发出金子的光芒。

第11章 下属是在"钓鱼",还是"捞鱼"

"钓鱼"与"捞鱼"

无论是卖汽车、卖房子还是卖其他东西,天底下搞业务的人都各有自己的一套业务理论与业务风格。但是,无论这些理论与风格如何千奇百怪,基本上都逃不脱两个派系——"钓鱼派"与"捞鱼派"。

那些凭经验、凭感觉、凭嗅觉成交的销售人员,可以称之为"钓鱼派";而那些凭细心、凭勤奋、凭韧劲儿成交的销售人员,则可称之为"捞鱼派"。

钓鱼使用的工具是鱼钩,它需要的是技巧,发的是巧力;捞鱼使用的工具是渔网,它需要的是勤奋与耐心,发的是蛮力。"钓鱼派"与"捞鱼派"各有千秋——钓鱼派以老业务人员居多,他们嗅觉灵敏,注重技巧,业务成交速度很快。但是,这一派的人因为小聪明太多,很容易放弃来之不易的客户信息,漏掉大量宝贵的销售机会;反之,捞鱼派以新人居多,他们因为技术还不熟练,知识还不丰富,反应还不灵敏,所以存在着成交慢的缺点。但是,正因为如此,他们不会投机取巧,而是老老实实、兢兢业业地工作,所以他们总是对所有的客户信息一视同仁,从不轻易放弃任何一个销售机会。

"钓鱼派"的以巧取胜虽然赏心悦目,但"捞鱼派"的稳扎稳打显得更加靠谱。因为在实际工作中,"捞鱼派"的业绩远比"钓鱼派"稳定,他们可以始终如一地确保自己的业绩在公司中处于中上游的位置,令管理者放心。而"钓鱼派"则不然,他们的业绩总是起伏不定，时而跃上巅峰，时而跌落谷底，令管理者又爱又恨。

出现这种现象的原因很简单。"钓鱼派" 用的是渔竿，所以他们只能凭借自己的经验、技术与感觉钓，等着鱼上钩。然而，无论钓鱼的人经验与技术有多好，感觉有多准确，只要手里攥的是渔竿，就意味着选择了小概率事件。就算运气好撞上了一个大鱼群，由于手里握的是渔竿而不是渔网，钓鱼人也只能钓上来一条鱼，然后眼巴巴地看着鱼群从眼皮底下逃走，只有干瞪眼的分。所以 "钓鱼派" 的人总是饥一顿饱一顿。

与此相反，"捞鱼派" 使用的工具是渔网，就算他们完全不知道哪里有鱼，只要不停地下网，总会有所收获。就算费尽力气拖上来的渔网里充斥着大量的砖头和石块，也总会捞上来几条小鱼，运气好了，也许还会有一些小螃蟹、小虾米之类的额外收获。所以 "捞鱼派" 虽说永远当不了第一，但也永远不会饿死。

对于任何一家企业来说，"捞鱼派" 都是不可或缺的中坚力量。他们构成了一个业务部门的脊梁。不仅如此，在实际工作中还有一种左手握着渔竿、右手拿着渔网，结合了 "钓鱼" 与 "捞鱼" 两派所有优点的 "综合派"。这一派别的销售人员可以被称为超级销售人员。每一家公司都会或多或少地存在综合派高手，他们不但业绩突出而且十分稳定，往往他们只凭借一己之力就能够达成一个业务部门三分之一乃至于过半的业绩量。而这种 "综合派" 的高手，大多来自 "捞鱼派"，原因很简单，天道酬勤。

哪一派应该着重培养，哪一派应该经常提点教育，管理者心里应该有数了。

勤奋永远不会错

缺少勤奋的精神，哪怕是天资奇佳的雄鹰也只能空振双翅；有了勤奋的精神，哪怕是行动迟缓的蜗牛也能雄踞塔顶，踏千山暮雪，渺万里层云。美好的明天是勤奋的今天绽放的美丽花朵，只要勤奋，终究会姹紫嫣红；只要勤奋，在荒芜中也能开垦出属于自己的一片天地。

亚历山大曾经说过："虽有卓越的才能，而无一心不断的勤勉、百折不挠的忍耐，亦不能立身于世。"成功的人士总是忙碌的，他们轻视怠惰，总是不断寻找新的挑战与更理想的做事方法。他们知道"无限风光在险峰"，只有努力攀登，才能有"一览众山小"的豪情。

在一次大型演讲会上，台下数千人静静等待着原一平的到来，想听他的成功秘诀，等了 10 分钟之后，原一平终于来了。他走向讲台，坐在椅子上一句话也不说，半个小时后，有人等不住了，陆陆续续离开会场。1 个小时后，原一平仍然一句话也不说，这时，会场上大部分人都走了，最后只留下十几个人了。这时，原一平说话了，他说："你们是一群忍耐力最好的人，我要向你们分享我成功的秘诀，但又不能在这里，要去我住的宾馆。"于是十几个人都跟着原一平去了，到了宾馆以后，他脱掉外套，脱掉鞋子，坐在床上，把袜子脱了，然后他把脚板亮给那十几个人看，人们看到原一平双脚布满了老茧，3 层老茧。原一平说："这就是我成功的秘诀，我的成功是我勤奋跑出来的。"

成功的人，未必都很完美，也未必都很快乐，但他们的特质是常人所没有的，那就是勤奋。

勤奋是一种美好的品德，品德比金钱更重要，当你具备了美德的同时，你就拥有了财富。

　　杰克如今是一家建筑公司的副总经理，五六年前，他是作为一名送水工被建筑公司招聘来的。在送水工作中，他并不像其他送水工那样，刚把水桶搬进来就一面抱怨工资太少，一面躲起来吸烟，而是每次都给每位建筑工人的水壶倒满水，并利用工人们休息的时间，请求他们讲解有关建筑的各项知识。没几天，这个勤奋好学、不满足于现状的送水工引起了建筑队长的注意。两周后，他被提拔为计时员。

　　做上计时员的杰克依然精益求精地工作，他总是早上第一个来，晚上最后一个走。由于他勤奋好学，对包括打地基、垒砖、刷泥浆等在内的所有建筑工作都非常熟悉，当建筑队长不在时，一些工人总爱问他。

　　一次，建筑队长看到杰克把旧的红色法兰绒撕开套在日光灯上以解决施工时没有足够的红灯照明的难题后，便决定让这位年轻人做自己的助理。就这样，杰克通过自己的勤奋努力抓住了一次次机会，只用了五六年时间，便晋升到了这家建筑公司的副总经理的位置。

　　虽然杰克成了公司的副总经理，但他依然坚持自己勤奋工作的一贯作风。他常常在工作中鼓励大家学习和运用新知识、新技术，还常常自拟计划，自画草图，向大家提出各种好的建议。只要给他时间，他就可以把客户所希望的事做到最好。

　　"天才来自于勤奋！"几乎所有的成功人士都认可这一说法。

　　人们羡慕那些杰出人士所具有的创造能力、决策能力以及敏锐的洞察力，但是他们并非一开始就拥有这种天赋，而是在长期辛勤的工作中逐渐积累和学习到的。在工作中他们学会了了解自我、发现自我，使自己的潜力得到充分的发挥。

　　只有投入才有产出，这是一条亘古不变的宇宙法则。

第12章 你在"磨炼人才"，
还是在"折磨人才"

"折磨人才"不是"磨炼人才"

领导想要"锻造"人才，让员工接受考验、锻炼，吃点儿苦、受点儿累，这无可非议，但是许多管理者在给员工准备了受苦的"条件"同时，却并没有想过这些"苦难"能让员工增长哪些本领，仅仅是为了"受苦"而"受苦"。

刚走出大学校门、拥有较高学历的年轻人，大都有一个毛病：高傲自信，急于表现自己的才能。他们在工作上不墨守成规、锐意进取并积极创新，但往往急于求成，忽视检讨工作中出现的失误。正因如此，许多管理者都会把刚来的年轻人先放到基层接受锻炼，让他们由好高骛远变成脚踏实地。

从理论上来说，这个思路和方法没有问题，但在实际工作中，执行起来往往变了味。

在许多中层干部的心中，并不是真的要让这些年轻人接受磨炼，而是带有先打个一百"杀威棒"的意思。尤其是学历不高、从基层爬起来的小主管，更抱有这种心态，他们会在心里轻蔑地想："哼，大学生有什么了不起？没有实际经验，连一个工人都不如！"

还有许多管理者把从基层提拔上来的下属，看作是自己对他们的恩赐，因此，就要求他们要服从领导权威。至于那些喜欢提问题、不听话的人，不管有多么杰出的才华，也别想得到青睐和重用。

久而久之,得到提升的并不是那些在基层苦学、找出问题的人,而是那些努力与领导接触、费尽心思讨好领导的人。在这样的环境中,年轻人最可贵的棱角和锐气可能就会被磨圆,这对公司和他们本身都是一个巨大的损失。

一些知名的跨国公司,对待刚踏入社会的年轻人是这样一种做法。

当毕业生来到这些企业,一般都能被安排到合适的位置,由于这些公司有完善的管理机制,以及先进的技术设备等,年轻人即使在基层接受锻炼,对他们自己的专业知识水平和工作态度也是一种提高和改进,再加上有较优厚的待遇,因此,他们都乐于在基层接受锻炼。

这些跨国企业,还有完善的升迁机制,职务和待遇的提升完全看个人的表现,而不是看员工和领导间的关系如何,今天干得好,明天就有可能被提拔,这才是正确的用人之道。

"磨炼人才"要有目的性

毕业生刚刚走出校门踏入社会,总会带着各种各样的"书生意气",作为领导对这些职场"菜鸟"进行一番磨炼非常有必要,但磨炼一定要有针对性和目的性。

一位年轻人毕业后被分配到北京某研究所,终日做一些整理资料的工作,时间一久,觉得这样的工作索然寡味。恰好机会来了,一个海上油田钻井队来他们研究所要人,到海上工作是他从小就有的梦想。领导也觉得他这样的专业人才待在研究所整理资料太可惜,所以批准他去海上油田钻井队工作。在海上工作的第一天,领班要求他在限定的时间内登上几十米高的钻井架,把一个包装好的漂亮盒子送到最顶层的主管手里。他拿着盒子快步登上高高的、狭窄的舷梯,气喘吁吁、满头是汗地登上顶层,把盒子交给主管。主管只在上面签下自己的名字,就让他送回去。他又快跑下舷梯，把盒子交给领班，领班也同样在上面签下自己的名字，让他再送给主管。

他看了看领班，犹豫了一下，又转身登上舷梯。当他第二次登上顶层把盒子交给主管时，已经浑身是汗，两腿发颤，主管却和上次一样，在盒子上签下名字，让他把盒子再送回去。他擦擦脸上的汗水，转身走向舷梯，把盒子送下来，领班签完字，让他再送上去。

这时他有些愤怒了，他看看领班平静的脸，尽力忍着不发作，又拿起盒子艰难地一个台阶一个台阶地往上爬。当他上到最顶层时，浑身上下都湿透了，他第三次把盒子递给主管，主管看着他，傲慢地说："把盒子打开。"他撕开外面的包装纸，打开盒子，里面是两个玻璃罐，一罐咖啡，一罐咖啡伴侣。他愤怒地抬起头，双眼喷着怒火，射向主管。

主管又对他说："把咖啡冲上。"年轻人再也忍不住了，"叭"的一下把盒子扔在地上，说："我不干了！"说完，他看看倒在地上的盒子，感到心里痛快了许多，刚才的愤怒全释放出来了。

这时，这位傲慢的主管站起身来，直视着他说："刚才让你做的这些，叫作承受极限训练，因为我们在海上作业，随时会遇到危险，要求队员身上一定要有极强的承受力，承受各种危险的考验，才能完成海上作业任务。可惜，前面三次你都通过了，只差最后一点点，你没有喝到自己冲的咖啡。现在，你可以走了。"

这位年轻人可能自己也没有想到，领导和主管对自己的折磨是一种考验，更是一种磨炼，经过这些考验之后，他的能力和意志力都会得到极大的提高。这就是一种非常有针对性和目的性的磨炼，可以甄选出真正的"人才"。

第 13 章 别戴着"有色眼镜"，
否则你会"大跌眼镜"

容貌跟能力无关

一个人的相貌是父母所赐，自己无法改变。一个长得美的人不一定能力强，长得丑的人也不一定能力差。管理者识人不应以相貌为标准，这样才能真正识别出下属是否有真才实学，是否是真正德才兼备的有用之才。

以貌取人是一种惯性，是人类社会普遍存在的一大通病，这一点，早在春秋时期的孔子就有所认识："不有祝鮀之佞，而有宋朝之美，难乎免于今之世矣！"

祝鮀是卫国大夫，因能言善道而受到卫灵公重用；宋朝是宋国贵族，因长得漂亮受到卫灵公及夫人南子的宠爱。对于这种现象，孔子认为，要是一个人仅仅凭借能说会道或长相漂亮就得到君主的重用，那这个时代就一定有问题了。

荀子对这个问题的看法跟孔子类似，在《非相》篇中，他批判了唯心主义的识人术，指出以貌取人是荒谬的。他说："看一个人的外貌、体态，不如研究他的思想。"

荀子认为一个人身材的高矮胖瘦、相貌的美丑，都不能决定他思想的好坏和能力的高低。他举例说，卫灵公有个臣子名叫公孙吕，身长七尺，面长三尺，模样非常古怪，然而"名动天下"；楚国官令尹孙叔敖的头发短又稀少，左手长、右手短，身材非常矮小，但仍"而以楚霸"；另外，"叶公子高，微小短瘠，行若将不胜其衣"，却平定了白公胜之乱，"定楚国，如反手尔，仁义功名著于后世"。

"容貌甚伟"的人当然也有，比如夏朝和商朝的两个暴君夏桀和商纣"长巨姣美，天下之杰也；筋力越劲，百人之敌也。然而身死国亡，为天下大僇，后世言恶，则必稽焉"。后人论起亡国之君，首先会想起他们。

这两个暴君会有"身死国亡"的下场，显然不是由于长得不美，而是由于他们才疏学浅、不懂选贤任能所致。由此可见，一个人有没有才能与他的相貌无关，所以古语说得好："人不可貌相，海水不可斗量。"

印度诗人泰戈尔曾说："你可以从外表的美来评论一朵花或一只蝴蝶，但不能以此来评论一个人。"

管理者的识人主张不要以貌取人，是因为以相貌取人很容易识错人、用错人。事实上，其貌不扬的人当中有不少有才学的高人，相貌出众的人当中也有不少平庸之辈，人的才能与相貌之间根本没有必然的关系。

英雄不问出处

她是第一个成为跨国信息产业公司中国区总经理的人，也是唯一一个只有初中学历和成人高考英语大专学历的总经理。当让她描述自己的成功经验时，她只平淡地说了一句："一份野心和不断的学习。"

生于20世纪60年代，有着满、蒙、汉三族血统的吴士宏，曾是北京椿树医院的一名护士，最高学历是自学英语大专文凭。按理说，以这样的条件进IBM的可能性微乎其微。但是，吴士宏凭着自信和韧劲，向我们证明了一切皆有可能。

在吴士宏自学英语专科毕业的前一年，她看到报纸上IBM公司的招聘启示，于是她通过外企服务公司准备应聘该公司。在此之前，外企服务公司向IBM推荐过多人，都没有被聘用，吴士宏虽然没有高学历,也没有外企工作的资历,但她有一个信念,那就是:"绝不允许别人把我拦在任何门外!"最后她成功了。

吴士宏在接受记者采访时说,她为了另谋出路,凭着一台收音机,花了一年半时间学完了许国璋英语三年的课程。正好赶上 IBM 公司招聘员工,吴士宏顺利地通过了两轮笔试和一次口试。最后主考官问她会不会打字,她充满自信地脱口而出:"会!"

"你每分钟能打多少字?"

"您的要求是多少?"

等主考官说出标准,吴士宏马上承诺说可以。实际上吴士宏从未摸过打字机,可是她环视四周,发现考场里没有一台打字机。果然,主考官说下次面试时再加试打字。面试结束,吴士宏向亲友借了 170 元买了一台打字机,没日没夜地敲打了一星期,双手疲乏得连吃饭都拿不住筷子,竟奇迹般地敲出了专业打字员的水平。几个月以后,她才还清了这笔对她来说不小的债务,而 IBM 公司一直没有考她的打字功夫。

吴士宏就这样成了这家世界著名企业的一个最普通的员工。她仅凭着成人高考的大专学历就顺利地通过了严格的筛选,这足以证明她的出色与不凡。不过,刚开始,她每天的工作只是沏茶倒水、打扫卫生,因此她感到非常自卑。

由于学历低,她经常被人无理戏弄和取笑。她曾被门卫故意拦在大楼门口,也曾被人侮辱为"办公室里偷喝咖啡的人"。对此,她心里充满了愤怒和痛苦,为了改变自己的命运,她暗暗发誓:"这种日子不会久的,绝不允许别人把我拦在任何门外。"

于是,从那天开始,她每天比别人多花 6 个小时用于工作和学习。经过几年艰辛的努力和不懈坚持,她终于成为同一批聘用者中第一个做业务代表的人,继而又成为第一批本土经理,第一个 IBM 华南区的总经理。

经过猎头公司和微软近半年之久的努力，吴士宏于 1998 年 2 月出任微软（中国）有限公司总经理。她在微软仅仅用 7 个月的时间就完成了全年销售额的 130%。

在中国的 IT 行业，吴士宏是第一个成为跨国信息产业公司中国区总经理的内地人，第一个只有初中学历和成人高考大专学历的总经理，她被人们赞誉为"打工皇后"。

很多有钱人曾是草根一族，但是经过不懈的奋斗，最后成为福布斯、胡润富豪榜上的富豪。重庆力帆控股有限公司董事长尹明善，对事业有着近乎狂热的激情；阿里巴巴创始人马云说，他创业能成功的结果说明，80%的人都能成功；作为一个新兴企业的典型代表人物，刘永好说，到目前他还有着当教师时养成的习惯，见到什么好的、有用的东西就随手记下来；分众传媒（中国）控股有限公司董事长江南春，在短短十年间就创造出他人需要用几十年甚至一生也不能完成的创富奇迹。

这是一个英雄不问出处的年代，初中生跟博士后没有任何区别，人人都有机会成为富豪。作为一个企业的管理者，一定不能戴着有色眼镜看人，只要员工有能力，不管容貌美丑、学历高低，都可以大力培养提拔。只有这样才能广纳天下贤才，让企业永远充满生命力。

第14章　你敢用能力比你强的下属吗

嫉贤妒能毁的是公司前途

有一些管理者观念陈旧，心胸狭隘，宁可用顺从听话的平庸之辈，也不用稍带棱角而且比自己能力强的人，使得一些人空有满腹才华却无用武之地，最终只好另寻明主，造成人才流失。这些管理者不选用比自己强的人很大程度上是因为妒忌。

春秋战国时，有位著名的军事大师名叫鬼谷子。此人排兵布阵，调兵遣将，如有神助。他有两个得意的学生庞涓和孙膑。庞涓学有所成后在魏国当了大将军。后来师弟孙膑投奔庞涓，庞涓发现师弟的能耐比自己还大，于是产生了妒忌心，怕师弟抢走他饭碗。他不但不重用孙膑，反而设计害他，并指使部下剔去其膝盖骨。后来孙膑用计逃到齐国，协助齐国大将田忌打败魏兵，庞涓自杀。

庞涓因心胸狭隘，不仅没保住官还丢了小命，空落下个千古笑柄。

用不用能力比自己强的人，这是管理者在用人中对自己最大的考验，同样也是管理者最容易犯的错误。

"他都比我强了，那在其他员工眼里，是他管理我，还是我管理他?"某企业管理者直言不讳，一针见血，这种不允许伙计胜过老板的心态一目了然。

在这种心态的驱使下，管理者往往希望别人拿放大镜来看他，而他自己却用显微镜来看别人。当比自己强的员工工作取得各部门的赞许和支持时，管理者就会产生危机感，认为这是那位员工在向自己示威。于是乎，管理者会有意无意地疏远他们、压制他们，从而严重地挫伤这些员工的积极性。

这种心态其实是一种弱者的心态，外表的强硬正透露出内心的软弱，反映出自信心的极大缺乏。真正的强者，愿意接纳比自己强的部下。因为他有信心控制局面，因为这样的管理者关心的并不是别人对自己是否顺从，而是他有能力赢得别人真正的尊敬，更因为他看重的是企业发展的大计。

人尽其才是一种理想境界，它虽不是一蹴而就的事情，却是每个企业和管理者都应该致力追求的目标。这就要求管理者在人才使用的过程中摒弃杂念，真正做到靠素质和能力用人。

广告大师奥格威说过一句著名的话："用人的最大失误就是没有任用比自己高明的人。"为了让管理者们领会这一观点，奥格威在每个董事长的椅子上放了一个洋娃娃，并请诸位董事长打开看，大家依次打开后，发现里边还有一个洋娃娃，再打开里面又有一个更小的洋娃娃，当打开看到一个最小的洋娃娃时，上面有一张奥格威写的字条：如果你永远聘用不如你的人，我们就会成为侏儒公司。反之，如果你永远聘用比你高明的人，我们就会成为顶天立地的巨人公司。

奥格威的这一用人理念值得所有管理者借鉴。

用人唯才企业才有未来

人才犹如金子，是事业发展的推动器，成功的企业家更离不开各种人才的鼎力合作。只有把优秀的人才精致地编成一张高效的网络，发挥他们的长处，才能不断创造财富。从这个意义上讲，真正的人才是所有企业梦寐以求的。

作为企业的管理者，要能抛弃个人成见，客观地对他人做出评价，即使情感上不喜欢，也决不以私误公，而应看中对方的才能，对真正的人才加以重用。

　　用人唯才与用人唯亲是两种不同的企业用人方针。用人唯才，是指不论亲疏恩仇，只要是有能力的人就加以重用；用人唯亲，是对自己的亲友或亲近自己的人才予以信任并重用。用人唯亲虽然会因为血缘关系而更加亲密，但同时也会由此衍生出很多问题。

　　用人唯亲的问题在于人才选择面来说相对过于狭窄，因为一个人的亲友毕竟有限，要在有限的人数中选拔出人才，必然数量少、品质不高，所以难免会选出庸才。而且，用人唯亲肯定是因为不信任外人，所以外人就会被排挤，即便是人才也不得重用，而不被重用的人才，肯定不甘心屈居庸才之下，就会另寻出路、投奔他处，这等于是为敌对势力提供人才，结果是削弱了自己，增强了敌人的力量。

　　用人唯亲最大的原因是亲人值得信任，情感上较亲密。但事实上，是否可信任主要还是看人的品德如何，这与关系是否密切、情感是否亲密关系不大。我们在史书上经常可以看到，历史上识错人的管理者每当势衰或败亡时，出卖或杀害他们的恰恰是他们最亲密的人，为了争夺王位，弑父杀兄的案例比比皆是。

　　虽然有这么多前车之鉴，但用人唯亲依然是目前很多企业管理者的做法，这既有感情问题，也是一种思维惯性。要做到用人唯才，需要管理者有宽阔的容人胸怀，有超人的胆识与才能，很多管理者都没有做到这一步。

　　在现代企业的管理中，用人唯亲的情况非常普遍。尤其在一些中小企业中，"家族化"的经营风气更是盛行，往往是总经理、厂长的妻子管财务，弟妹管供销，弟弟管人事，比较重要的职位基本都被"皇亲国戚"占据。即使是在国有企业中，有些管理者也会设法把子女弄进企业中，以求一官半职。

　　但是，综观家族式经营的失败教训，这种做法的后果往往是可悲的。

（1）家族化经营用人唯亲，因此有人明明无德无才但薪水和职位很高；而有一技之长的人得不到重用，甚至受众"皇亲国戚"的嫉妒、排挤，只好跳槽另谋高就。

（2）容易形成派系，拉帮结伙。在企业中形成"家族派"与"非家族派"，在"家族派"内部，又因近亲、远亲，地位和待遇不同，形成各种小派别，彼此明争暗斗、针锋相对。不管怎么斗，受伤害最大的还是企业。

（3）亲人间会凭借关系互相串通，以权谋私，企业最终垮掉不是因为竞争对手太强，而是从内部开始被慢慢蚕食。

为了避免用人唯亲，身为管理者，必须要把握住两个基本点：

一是选材，要出于"公心"。

这点的关键在于无私，无私是选贤任才的前提。对于这点，孔子了解得十分清楚，他说："君子对天下之人，不分亲疏，无论厚薄，只亲近仁义之人。"也就是说，在人才问题上，应该不计较个人恩怨、得失，更不应嫉贤妒能，要以公司的利益和发展为重。

二是选材不避仇。

这就需要管理者公而忘私、虚怀若谷，有很宽广的心胸，能抛弃个人成见，忘记恩怨，客观地对他人做出评价。

第15章 别人不敢用的 "人才"，你敢用吗

人才"险"中求

唐代诗人白居易有一名句："试玉要烧三日满，辨材须待七年期。"意思是说，要验证玉是真是假，就得用火烧三天；要分辨一个人是不是货真价实的人才，必须等上七年。

企业在招聘时，不论笔试、面试、复试加起来有几层"关卡"，都很难在那么短的时间内辨别一个人是庸才还是人才，慎重是应该的，但是，过于优柔寡断只会使自己丧失真正的人才。

人才的优劣必须经过长时间的考验，而且，任何企业都不可能保证自己所聘用的每一个人，都能产生绝对的经济效益。想要成就一番事业，在选用人才时，就要有敢冒风险的精神和开阔的心胸。

有位知名的科技公司老板曾经讲过："引进三个人才，有一个能发挥作用，就算是成功了。"

但是在实际选聘人才的过程中，管理者总会考虑花上这么大笔的人事费用是否值得？假如招进来的是一个庸才或是根本做不出成果的蠢材，岂不是白白浪费金钱？

这时，管理者必须牢记一句话："不管做什么事，都不可能有百分之百的把握，但是，只要有七成把握，就可以试着去做。"许多企业在招聘人才时，缺乏的就是冒风险、压"赌注"的勇气与胆识，在不该犹豫的时候思虑万千，担心上当受骗。

例如，遇到一个各方面条件都很好的人才，招聘人员心里

就会嘀咕，既然这个人条件这么好，原公司为什么还要放人呢？如果这个人是从环境好的公司跳槽到环境差的公司，招聘企业就更会怀疑这其中有见不得人的隐情，对应聘人员的真实能力不敢轻易相信。于是，出现了这样一个怪现象：很多企业天天哭着喊着缺乏人才，但当人才送到面前时却又不敢用。

英国著名物理学家、化学家法拉第出身贫苦，只上过小学，后来做了一个普通的装订工人。当英国皇家学会要为大名鼎鼎的琼斯教授选拔科研助手的消息传出后，年轻的法拉第激动不已，赶忙到规定地点去报了名。但临近选拔考试的前一天，法拉第却被意外地告知，他的考试资格被取消了，因为他是一个普通工人。

法拉第愣了，他气愤地赶到选拔委员会去理论，但委员们傲慢地嘲笑说："没有办法，一个普通的装订工人想到皇家学院来，除非你能得到琼斯教授的同意！"法拉第犹豫了。如果不能见到琼斯教授，自己就没有机会参加选拔考试。但一个普通的书籍装订工人要想拜见大名鼎鼎的皇家学院教授，他会理睬吗？

法拉第顾虑重重，但为了自己的人生梦想，他还是鼓足了勇气站到了琼斯教授的大门口。教授家的门紧闭着，法拉第在门前徘徊了很久。

终于，教授家的大门被一颗胆怯的心叩响了。

院子里没有声响，当法拉第准备第二次叩门的时候，门"吱呀"一声开了。一位面色红润、须发皆白、精神矍铄的老者正注视着法拉第，"门没有锁，请你进来。"老者微笑着对法拉第说。

"教授家的大门整天都不锁吗？"法拉第疑惑地问。

"干吗要锁上呢？"老者笑着说，"当你把别人关在门外的时候，也就把自己关在了屋里。我才不当这样的傻瓜呢。"这位老者就是琼斯教授。他将法拉第带到屋里坐下，聆听了这个年轻人的叙说后，写了一张纸条递给法拉第："年轻人，你带着这张字条去，告诉委员会的那帮人说我已经同意了。"

经过严格而激烈的选拔考试，书籍装订工法拉第出人意料地成了琼斯教授的科研助手，走进了英国皇家学院那高贵而华美的大门。

企业在招聘人才时的优柔寡断、瞻前顾后就像是一扇门，不仅把人才关在了门外，也把自己关在门内，阻碍了企业的发展。所以，不要苛求自己引进的人才非得百分之百的成功。想要引进适合的人才，就必须有敢冒风险的精神，做好交学费的准备。即使引进的人才无法帮助企业拓展事业"版图"，也并不能说明当初的决策是错误的，更不能停止自己今后引进人才的步伐。

"刺头"比"奴才"有用

通常，一些老板喜欢选一些听话的、俯首帖耳的人作为自己的下属，这样的下属往往并没有真本事，即使偶尔有一些创造性的想法，也不会说出来，因为怕老板听了不高兴。

相反，那些有真本事的人，他们不怕失去工作，他们敢于直言，只要对团队、集体有益，他们就敢说敢做。

有一天，IBM 的总裁小沃森正在办公室里，这时，一位中年人闯了进来，并大声嚷道："我什么盼头都没有了！干着一份闲差，有什么意思？我不干了！"

这个人就是伯肯斯托克，IBM 公司未来需求部的负责人，刚刚去世的公司二把手柯克是他的好朋友。

柯克和小沃森是死对头，这在 IBM 上上下下都是知道的。柯克一死，所有人都认为伯肯斯托克在劫难逃。伯肯斯托克本人也这么认为，因此他破罐子破摔，心想与其被小沃森赶跑，不如自己先辞职，这样还能够走得体面些。

小沃森和老沃森一样，是个以脾气暴躁而闻名的人。一个部门经理无礼闯入，还扬言不干了，按常人看来小沃森一定会拍案而起，立即叫伯肯斯托克滚蛋。

令人意外的是，小沃森丝毫没有发火，反倒笑脸相迎。因为小沃森知道什么时候该发火，什么时候千万不能发火，对伯肯斯托克就属于后一种情形。他知道，伯肯斯托克是一个难得的人才，比刚去世的柯克还要胜过一筹，留下他对公司有百利而无一害，虽然他是柯克的下属、是柯克的好友，并且性格桀骜不驯，小沃森对伯肯斯托克说："如果你真的有本事，不仅在柯克手下能够成功，在我和我父亲手下也照样能够成功，如果你认为我对你不公平，你可以走人。如果不是这样，那你就应该留下来，因为这里需要你，这里有你发展的机遇。"

伯肯斯托克扪心自问，觉得小沃森没有对他不公平的地方，并没有别人想象的那样柯克一死就收拾他。

伯肯斯托克留了下来。

事实证明，小沃森留下伯肯斯托克是极其正确的。在促使IBM从事计算机业务方面，小沃森曾受到公司高层的极力反对，响应他的人很少，伯肯斯托克却全力支持他。正是由于小沃森和伯肯斯托克携手努力，才使IBM渡过难关走向辉煌。小沃森后来在回忆录中说："挽留伯肯斯托克，是我最出色的行动之一。"

小沃森不仅留下和重用伯肯斯托克，在他执掌IBM帅印期间，他还提拔了一大批他不喜欢但是具有真才实学的人。小沃森后来回忆说："我总是毫不犹豫地提拔我不喜欢的人。那些讨人喜欢的人，可以成为与你一道外出垂钓的好友，但在管理中却帮不了你的忙，甚至给还会你设下陷阱；相反，那些爱挑毛病、语言尖刻、令人生厌的人，却精明能干，在工作上对你推心置腹，能够实实在在地帮助你，如果你把这样的人安排在自己身边，经常听取他们的意见，对你是十分有利的。"

一个看不出问题，只会说好话的奴才，不可能给企业带来利益，而看起来锋芒毕露却目光敏锐的人则有可能会给企业带来利益，作为管理者，不要在乎所用之人听不听话，而要在乎其是否有用。

第16章　追求"完人"，
不如善用"偏才"

在"偏才"中挖掘"人才"

这个世界上不存在完美的人，上帝对每个人都是公平的，为你关上一扇门的同时，也为你打开另一扇窗。凡是有才华的人，大都有或大或小的缺点和怪癖。

一个人的能力再怎么全面，也会有不足的地方。对于人才，只要能够有利于事情的完成，那么性情、出身等外在因素，完全可以不加以考虑。

鲍超是曾国藩培养出来的猛将，他的成长与曾国藩的重用是分不开的。

鲍超一身武功，十分英勇。但是，他平日里总是喜欢跟别人斗狠，把战场上的狠劲带到生活中，这招致了很多人的不满。最初，鲍超只是军队里的小哨长。但是，他给自己买了一丈多长的红布，在上面写上了个大大的"鲍"字。每逢打仗，他就把这块红布高高地挂在自己的战船上。在军中，只有领兵的统帅才有资格挂出帅旗的，鲍超这样的做法无疑违反了军中的规定。部将们把他的做法告知了曾国藩，希望能够严格地惩罚他，让他明白其中的规则和道理。

曾国藩听闻此事，找鲍超谈话，问他为什么要把红布挂在战船上。鲍超理直气壮地说："我这样做，是想要别人知道，我鲍超在这条船上，如果打了胜仗，是我鲍超；打了败仗，也是我鲍超。"

听了鲍超的这番话，曾国藩不但没有责罚他，反而对他大加赞赏，鼓励他多打胜仗，多立战功。鲍超也没有让曾国藩失望，在战场上拼死作战，立下屡屡战功。

后来，有人问曾国藩为什么如此放任鲍超，对他的错误行为视而不见，曾国藩回答说："尺有所短，寸有所长，用人也应用其长。虽然鲍超的身上存在很多不足，可是我们要看到他的勇猛，对朝廷的忠诚。如果因为一点点性情上的不足就对他严格惩罚，一定会打消他的士气，那我们就得不偿失了。"在用人方面，曾国藩主张用人如器，即用人的长处，同时避开他的短处。

一个人在这方面的不足，在别的方面有可能会发挥出优势，正所谓瞎子听力好，哑巴手势打得好。如果因为一方面的不足而否决其他方面的长处，则是用人的大忌。许多偏才都是人才，关键在于管理者怎么用。

善用短处是用人的最高境界

尺有所短，寸有所长。如果一个管理者在用人时能扬长避短，善于发掘每个员工的闪光点，就可以称得上是管理高手；如果一个管理者连员工的短处都能善于利用，那么他已经达到了管理的最高境界。

一位专门从事人力资源研究的学者说过这样的话："发现并运用一个人的优点，你只能得 60 分；如果你想得 80 分的话，就必须容忍一个人的缺点，发现并合理利用这个人的缺点和不足。"这话既有新意，又富哲理。

扬长避短是用人的基本方略。然而，在现实生活中，人的长处和短处并不是绝对的，没有静止不变的长，也没有一成不变的短。在不同的情景和条件下，长与短都会向自己的对立面转化，长的可以变短，短的可以变长。这种长与短互换的规律，是长短辩证关系中最容易被人忽视的一部分。用人的关键并不在于用这个人而不用那个人，而在于怎样使自己的每个下属都能在最适当的位置上发挥最大的潜能。因此，一个开明的管理者应学会容忍下属的缺点，同时积极发掘他们的优点，尝试用长处弥补短处，使每个人都能发挥专长。有人性格倔强，固执己见，但他同时颇有主见，不会随波逐流、轻易附和别人的意见；有人办事缓慢，手里不出活，但他同时往往办事有条有理，踏实细致；有人性格不合群，经常我行我素，但他同时可能有诸多发明创造，甚至硕果累累。管理者的高明之处，就在于短中见长，善用其短。

现代企业中善用人短的企业家也大有人在。松下电器公司副总经理中尾哲二郎就是松下先生善用人短的例证：

中尾原来是由松下公司下属的一个承包厂雇用来的。一次，承包厂的老板对前去视察的松下幸之助说："这个家伙没用，尽发牢骚，我们这儿的工作，他一样也看不上眼，而且尽讲些怪话。"松下觉得像中尾这样的人，只要给他换个合适的环境，采取适当的使用方式，爱发牢骚爱挑剔的毛病有可能变成敢于坚持原则、勇于创新的优点，于是他当场就向这位老板表示，愿意让中尾进松下公司。中尾进入松下公司后，在松下幸之助的任用下，果然缺点变成了优点，短处转化为长处，表现出旺盛的创造力，成为松下公司中出类拔萃的人才。

我国南方有这样一位厂长，他让爱吹毛求疵的人去当产品质量管理员；让谨小慎微的人去当安全生产监督员；让一些斤斤计较的人去参加财务管理；让爱道听途说、传播小道消息的人去当信息员；让性情急躁、争强好胜的人去当青年突击队长……结果，这个工厂变消极因素为积极因素，大家各司其职，各尽其力，工厂效益成倍增长。

金无足赤，人无完人。任何人有其长处，就必有其短处。人的长处固然值得发扬，而从人的短处中挖掘出长处，由善用人长发展到善用人短，这是用人的最高境界。长短互换的规律告诉我们，任何时候对任何一个人都不要僵化地看待，不要静止地看待一个人的长处和短处，要积极地创造使短处变长处的条件，同时也要防止长处变短处的情况发生。

　　善于使用别人的短处，首先是一种态度，其次是一种能力，更是一种方法，需要积极地去通过提高自身素质来实现"使用别人的短处"，达到人的"短处"以得到"长用"的目的。

第 17 章 "折腾"出美好未来

不"折腾"前途无"亮"

仔细观察那些跨国公司、世界 500 强企业我们就会发现，凡是那些生命力旺盛、具有很强的创造力的企业，大都是比较能"折腾"的企业——这里的"折腾"绝对是个褒义词——他们的员工会参加很多公司组织的活动，他们的管理者也经常爱"折腾"，不会让员工闲着。

这不是不务正业，恰恰相反，只有会"折腾"、常"折腾"的领导，才能带出一支真正有激情的团队。

每一个管理者在实际工作中都会遇到一个非常现实又非常棘手的问题，那就是员工激情的可持续性问题。无论一开始时是一个多好的制度，多令员工激情澎湃的活动，当员工逐渐熟悉，并最终彻底适应了它的时候，难免会演变成一种例行公事，激情也会在员工的麻木中悄悄地溜走。随之员工的惰性开始滋生，偷工减料变成一种常态，企业也开始逐渐走向下坡路。

导致这样的情况责任不全在员工，因为人都是喜欢新鲜感与刺激的，而让员工长期保持激情是每个管理者都应该重点考虑的大事。否则管理者拿着比员工多得多的薪水，只是让他们坐在办公室里喝茶、看报纸吗？

管理者要学会"折腾"，但"折腾"也要有方法和技巧，不能瞎"折腾"。

有些企业为了激励员工，设立了定期旅游制度，对个别优秀员工还有海外旅游、休假制度。许多优秀的员工在年终时可以获得国内外旅游、休假的奖励。这本身是一件好事，有利于激发员工的工作积极性和对企业的忠诚度，但是，如果这些福利制度不伴随着一些相应的制度创新，其效果只能是昙花一现。员工从国外旅游休假回来后，再次回到那个他熟悉到已经有些厌烦的工作环境中，从国外的旅游胜地带回来的能量会迅速烟消云散，整个人也会迅速恢复到从前的"疲软"状态。还有的员工从国外旅游回来后，不但不能收心，还会因为巨大的反差而厌恶自己的工作，从而造成工作状态更加低迷的后果。这对企业来说，无疑是赔了夫人又折兵。

有一家大型集团公司存在着典型的制度僵化问题，许多制度死板、僵化、不合理，却仍被保留了下来。员工怨声载道、士气低迷，企业一副病快快的样子。老板也意识到了问题的严重性，他采取了一系列措施来挽回员工的工作激情，但是不仅没有效果，还让员工对公司的感情进一步恶化，工作的激情进一步丧失。比如说，老板规定每年夏天都要分批组织员工外出旅游，这应该是一件好事，但不管旅游回来的员工有多么疲劳，哪怕是半夜一点才从旅游地赶回来，第二天上午8点都要准时上班，一点消除疲劳的时间都没有。这家公司在给员工休息日方面极其吝啬，一个月几乎没有一个休息日，很多员工还要在没有加班费的情况下早来晚走。就这样，这家公司每个月还要组织员工进行一次篮球比赛，而且都是安排在非工作时间，即使是晚上10点钟，也要求所有员工必须参加，不上场的也要在场下助威。不参加的员工一律罚款，在公司通报批评。有一个员工的抱怨非常具有代表性："下班后已经累了个半死，有这点时间真想回家好好睡上一觉，谁还有力气打什么篮球！"

折腾不仅仅是让员工"爽一把"，如果那样的话所有人都能当管理者。"折腾"不仅要创新，还要迎合员工的心情，这样才能真正帮员工找回激情。

有一家日本工厂采用流水线的生产方式，每个环节与工序都异常简单，不需要技巧，只需要不停地重复。在这种环境下工作的工人，他们的工作肯定枯燥乏味。但是，这家日本企业就有方法做到让工人不感到那么枯燥乏味。他们让培训工人掌握所有车间及流水线上各工序的操作方法，然后厂里为每个工序都编上号，每天都让工人以完全不同的排号顺序进入生产线。每隔一段时间就让员工更换一次车间与生产线，一切从头开始。员工每一天上班前都无法事先预知当天的工序顺序与工作内容，每一天心里都充满了期待与兴奋，根本不会存在审美疲劳、缺乏激情的问题。

生命在于运动，企业在于"折腾"。如果企业管理者想让公司的员工每天都充满能量和激情，想要带出一支有激情的团队，就必须要做一个会"折腾"的人，否则前途无"亮"。

把厕所打扫干净，接下来就是见证奇迹的时刻

把厕所打扫干净，跟公司的业绩有什么关系？这两件事是一码事儿吗？

让我们来简单地推理一下。

假设有一家销售汽车的 4S 店，这家店的管理者很喜欢折腾，即使连最不起眼的厕所都不放过，总是要求员工将厕所打扫得干干净净，一尘不染。如果这样的话，这家 4S 店的展厅会很脏吗？基本不可能；如果这家 4S 店展厅很干净，那里的员工和销售顾问会很邋遢吗？基本不可能；如果这家 4S 店的员工和销售顾问都很注重自己工作时的仪表，他们的工作流程会一塌糊涂，工作状态会很差吗？基本不可能；如果这家 4S 店的员工和销售顾问人人都很精神，工作状态也很好，这家 4S 店的销售业绩会很差吗？基本不可能。

看，只是经过简单的推理，"把厕所打扫干净"和"公司业

绩好"这两件看起来风马牛不相及的事情就这样联系起来了。

这不是强词夺理、牵强附会，在很多情况下，干净的环境完全可以成为竞争中的杀手锏。

假设我们居住的小区附近有两家小饭店，这两家饭店提供的饮食无论从价钱上还是质量上都一模一样，各种硬软件设施以及与我们住所之间的距离也完全相同，但有一点不一样：一家店环境卫生非常好，店里明亮整洁；另一家店脏得不行，蟑螂出没苍蝇乱飞。这两家店哪家的生意会更好？

相信绝大多数人都认为环境卫生好的那家店生意会更好，我们自己肯定也更愿意去那家干净的店里就餐。

其实，事实要比我们想象的残酷得多，如果真存在这么两家店，环境卫生不好的那家店几乎没有任何生存的可能，用不了多久就会倒闭，而不仅仅是业绩不如那家干净店。因为两家店提供的商品、价格、服务以及硬件设施等都是一样的，在其他所有条件都相同的情况下，环境卫生上的这一点差别就会是致命的。

环境卫生并不是只对餐饮业影响巨大。任何一个企业或一家店，只要不是垄断性质的或是有很好的品牌，在相同的竞争环境下卫生不过关就很难生存。在大部分人的观念中，厕所就应该是一个脏的地方，干不干净无关紧要，但是如果一个企业或一家店连厕所都打扫得很干净，那他们的产品会不好吗？

想要公司的业绩在所有同行业的公司中出类拔萃吗？很简单，在环境卫生上多"折腾"，尤其是厕所，然后就是见证奇迹的时刻。

第 18 章　优柔寡断就别当领导

果断给"害群之马"上"炒鱿鱼"

几乎任何企业的团队中，都会存在几个"刺头"员工，他们往往不会为组织增添多少成果，反而会拖团队的后腿，将事情弄得更加糟糕。这就是团队中的害群之马。

管理者不要忽视一两个"害群之马"的破坏力，他们会使一个高效的部门迅速变成一盘散沙。我们总说："破坏总比建设容易。"一个能工巧匠花费时日精心制作的瓷器，一秒钟就会被破坏掉。如果一个团队中有一匹害群之马，即使拥有再多的能工巧匠，也不会有多少像样的工作成果。作为管理者，遇到这样的情况，若想保持团队的高效，你只有一个选择，按下"Delete"键，迅速将其清除掉。

美国 GE 公司 CEO 杰克·韦尔奇对待害群之马的员工非常干脆：

每年，GE 公司的高管都被要求将他们团队的人员分类排序，其基本构想就是强迫公司的领导对他们领导的团队进行区分。

他们必须区分出在他们的组织中，他们认为哪些人是属于最好的 20%，哪些人是属于中间大头的 70%，哪些人是属于最差的 10%。

如果他们的管理团队有 20 个人，那么公司就要求知道，20% 最好的四个和 10% 最差的两个都是谁——包括姓名、职位和薪金待遇。表现最差的员工通常都必须走人。

韦尔奇把员工分为 A、B、C 三类，C 类是"烂苹果员工"即害群之马。

A 类是指这样一些人：他们激情满怀、思想开阔、富有远见。他们不仅自身充满活力，而且有能力帮助带动自己周围的人。他们能提高企业的生产效率，同时还使企业经营充满情趣。

B 类员工是公司的主体，也是业务经营成败的关键。我们投入了大量的精力来提高 B 类员工的水平。我们希望他们每天都能思考一下为什么他们没有成为 A 类。经理的工作就是帮助他们进入 A 类。

C 类员工是指那些不能胜任自己工作的人。他们更多的是打击别人，而不是激励；是使目标落空，而不是使目标实现。管理者不能在他们身上浪费时间，这对团队没有任何好处。

而韦尔奇规定，区分出三类员工后，按照等级进行奖惩，A 类员工得到的奖励应当是 B 类的两到三倍，公司还会给予 A 类员工大量的股票期权。对 B 类员工，每年也要确认他们的贡献并提高工资，大约 60％到 70％的 B 类员工也会得到股票期权。至于 C 类，不但什么奖励也得不到，还要承担被淘汰的后果。

很多管理者会认为，剔除落后的 10％的员工是残酷或者野蛮的行径。这是一种曲解，事实恰恰相反，平庸的员工对于优秀的团队是一种伤害，而对于其本身也并没有什么好处，因为让一个人待在一个他不能成长和进步的环境里是真正的"假慈悲"，对任何一方都没有好处。

如果把一汤匙酒倒进一桶污水中，你得到的是一桶污水；如果把一汤匙污水倒进一桶酒中，你得到的还是一桶污水，这就是有名的酒与污水定律。如果一个高效的部门里混进一匹"害群之马"，就会全盘破坏组织的健全功能，所以对于管理者来说，处理害群之马最好的方法，就是马上给他上一盘"炒鱿鱼"。

及时修好第一扇被打碎的窗

如果窗户被打破后没有及时修复，就会导致更多的窗户被打破。这就是著名的"破窗理论"。

由美国政治学家威尔逊和犯罪学家凯琳观察总结的"破窗理论"指出环境可以对一个人产生强烈的暗示性和诱导性。如果有人打坏了一栋建筑上的一块玻璃，又没有及时修复，别人就可能受到某些暗示性的纵容，去打碎更多的玻璃。久而久之，这些窗户就给人造成一种无序的感觉，在这种麻木不仁的氛围中，犯罪就会滋生、蔓延。

要想引导一个好的环境，除了要维护外还必须及时修好"第一扇被打碎玻璃的窗户"。

对于企业来说也是如此。敞开放有财物的大门，可能使本无贪念的人心生贪念；对于违反公司程序或规定的行为，有关组织没有进行严肃处理，则往往使类似行为再次甚至多次重复发生；对于工作不讲求成本效益的行为，有关领导不以为然，下属员工的浪费行为没有得到纠正，则会使这种浪费行为日趋严重。由此可以知道在问题初始阶段就及时予以纠正和处理是十分必要和重要的。

美国有一家以极少炒员工著称的公司，一天，其车工杰瑞为了赶在中午休息之前完成 2/3 的零件加工任务，在切割台上工作了一会儿之后，就把切割刀前的防护挡板卸下放在了一旁，因为这样加工零件会更快捷一点。

大约过了一个多小时，杰瑞的举动被无意间走进车间巡视的主管看到了。主管大怒，除了目视着杰瑞立即将防护挡板装上之外，又大声怒斥了半天，并表示要把杰瑞一整天的工作量作废。

被主管训斥了一顿之后，杰瑞便以为结束了，没想到第二天一上班，有人通知杰瑞去见老板。在那间杰瑞接受过好多次鼓励与表彰的总裁室，杰瑞听到了要将他辞退的处罚通知。

总裁说："身为老员工，你应该比任何人都明白安全对于公司意味着什么。你少完成的零件，少实现的利润公司可以换个人、换个时间把它们补起来，可你一旦发生事故失去了健康乃至生命，那是公司永远补偿不起的……"

离开公司的那天，杰瑞流泪了。工作的几年里，杰瑞有过风光，也有过不尽如人意的地方，但公司从未有人对他说过不行。可这一次不同，杰瑞知道，这次他碰的是公司灵魂的东西。

当组织中有错误或偏差的行为发生，而管理者没有立即处理，久而久之就会使团队中其他人仿效，这不仅影响组织正常的运作，也会造成领导的困扰。

对于管理者而言，"破窗理论"揭示了一个道理：任何一种问题的存在都有其含义，都是在传递某种信息，当这个信息没有获得适当的处理时，就有可能导致问题的扩大。因此，管理者必须在问题发生时，及时进行纠正与补救。

必要时，杀鸡儆猴

杀鸡儆猴是善使权术之人用来威慑人心的惯常手段，虽然少不了其阴晦的色彩，但却屡试不爽。作为一名企业管理者，如果"杀鸡儆猴"这一手段运用得当，就能在员工心中立威，方便管理政策的下发和落实。

孙武是我国古代伟大的军事家，被誉为兵学的鼻祖。他因内乱逃到吴国，把自己所著的兵法敬献给吴王阖闾。阖闾说："您写的兵法十三篇，我都细细读过了，您能当场演习一下阵法吗？"孙武回答说："可以。"吴王又问："可以用妇女进行试练吗？"孙武又答道："可以。"于是吴王派出宫中美女一百八十人，让孙武演练阵法。

孙武把她们分成两队，让吴王最宠爱的两个妃子担任队长，每位宫女手拿一把戟。孙武问她们："你们知道自己的心、左右手和背的部位吗？"她们都回答说："知道。"孙武说："演习阵法时，我击鼓发令：让你们向前，你们就看着心所对的方向；让你们向左，就看着左手所对的方向；让你们向右，就看着右手所对的方向；让你们向后，就转向后背的方向。"她们都齐声说："是。"

孙武将规定宣布完后，便陈设斧钺，又反复强调军法。一切准备妥当后，孙武击鼓发令向右，宫女们却嬉笑不止，不遵奉命令。孙武说："规定不明确，口令不熟悉，这是主将的责任。"于是他重新申明号令，并击鼓发令向左，宫女们仍然嬉笑不止。孙武说："规定不明确，口令不熟悉，这是主将的责任。现在既然已经明确，你们仍然不服从命令，那就是队长和士兵的过错了。"说罢，命令斩杀两名队长。

当时吴王正站在观操台上，见孙武要斩杀他的两个爱妃，大吃一惊，急忙派人向孙武传令："我已经知道将军善于用兵了。没有这两个爱妃，我连吃饭也没有味道，请您不要杀掉她们。"孙武回答说："臣既然已经受命为将帅，就应该尽职尽责做好分内的事。将帅在处理军中的事务时，君主的命令如果不利于治军，可以不接受。"说完，仍旧命令斩杀两名队长示众，并重新任命两名宫女担任队长。孙武再次击鼓发令，宫女们按照鼓声向左向右，向前向后，跪下起立整齐划一，一举一动完全符合孙武的要求，没有一个人敢发出嬉笑声。

春秋时期齐国的田穰苴也是一个法令严明的人。

春秋时期，齐景公任命田穰苴为将，带兵攻打晋、燕联军，又派宠臣庄贾做监军。临行前，穰苴与庄贾约定，第二天中午在营门集合。第二天，穰苴早早到了营中，命令装好作为计时用的标杆和滴漏盆。约定时间已过，可是庄贾迟迟不到。穰苴几次派人催促，直到黄昏时分，庄贾才带着醉容到达营门。穰苴问他为何不按时到军营来。庄贾一脸无所谓，只说什么亲戚朋友都来为他设宴饯行，他总得应酬应酬吧？穰苴非常气愤，斥责他身为国家大臣，负有监军重任，却只恋自己的小家，不以国家大事为重。庄贾认为这是区区小事，仗着自己是国王的宠臣亲信，对穰苴的话不以为然。穰苴当着全军将士的面，叫来军法官，问："无故延误时间，按照军法应当如何处理？"军法官答道："该斩！"穰苴当即命令拿下庄贾。庄贾吓得浑身发抖，他的随从见势不妙，连忙飞马进宫，向齐景公报告情况，请求景公派人救命。在景公派的使者赶到之前，穰苴已经下令将庄贾斩首示众。全军将士看到主将敢杀违反军令的大臣，个个吓得发抖，谁还敢不遵将令。

景公派来的使臣飞马闯入军营，拿景公的命令叫穰苴放了庄贾。穰苴沉着地应道："将在外，君命有所不受。"他见使臣骄狂，便又叫来军法官，问道："乱在军营跑马，按军法应当如何处理？"军法官答道："该斩！"使臣吓得面如土色。穰苴不慌不忙地说道："君王派来的使者，可以不杀。"于是下令杀了他的随从和马匹，并毁掉马车，让使者回去报告情况。

一个高明的将领管理军队都应该如此，做到令行禁止、法令严明，否则，令出不行，士兵如一盘散沙，如何上战场冲锋陷阵？

对于一名管理者来说也是如此，商场如战场，如果公司法制不明，员工不服从指挥，如同一盘散沙，如何跟众多的竞争对手"厮杀"。所以，有时候管理者也需要采取一些诸如"杀鸡儆猴"的非常手段，来震慑人心，激励士气。

第19章　别让你的公司"山头林立"

正视"小圈子"

在办公室里，每天与同事相处的时间最长，谈话涉及内容最多，如何掌握同事间交往的分寸就成了人际沟通不可忽视的一环。人们都喜欢与和自己兴趣爱好相同的人在一起，在职场常体现为三两成群的小圈子，而这种圈子多了，就会产生意想不到的影响。

小米进市场部不久，就发现在这个十来个人的部门里，有一个三四个人的小圈子。这几个人干活配合默契，但对这个圈子外的人则多少有点不配合，有时甚至暗中使绊。部门经理有时也睁一只眼闭一只眼，而那个圈子的核心人物的无形影响似乎比经理还大。这些天，那个圈子里的大林中午有事没事跟小米套近乎，昨天问他父母是做什么的，今天问他有没有女朋友。当他知道小米现在还没有女朋友时，马上表示愿意为他当"红娘"。小米知道大林是想拉自己"下水"，成为他们那个圈子里的人，他有些犹豫：如果自己不进他们那个小圈子，今后自己在工作中难免会遭到刁难；如果进入他们那个小圈子，自己又从心里厌恶这种拉帮结伙的行为。他有点不知所措。

在现代职场上，几乎所有的公司都存在着两种组织形式。在一个公司内部，由上至下，有总经理、部门经理和普通员工，这种组织形式像个金字塔形，它是有形的和正式的。对于绝大多数职场人来说，他们承认这种组织形式的作用，似乎也只知道有这种组织形式。他们不知道或忽视了这种组织形式之外，在自己公司内部还同时存在着另一种形式的组织，即像小米所在部门的由那几个人组成的无形小圈子。这类小圈子虽是无形的和非正式的，但是对公司每个员工产生的影响在某种程度上不亚于正式有形的组织。比如，你在办公室过于积极或过于落后，一些同事就会排斥你，在工作中给你制造障碍，逼得你与他们"同流合污"，你只能随大流，这就是那个非正式和无形的组织产生的作用。

人们常说关系网，也就是说人际关系像张渔网；是渔网就有经有纬，有纵有横，缺了哪个方面都不行。如果把那种正式的有形的组织形式比作纵向的"经"的话，那么，这种非正式的无形的组织形式则是横向的"纬"。如果员工在工作中，眼睛光盯着老板，只注意工作中上下级这种纵向的关系，而忽视与同事之间这种横向关系的话，那么，就很难搞好与同事之间的关系。如果与同事搞不好关系，就很难做好自己的工作。

企业管理者对于这些"小圈子"不能一味打压，因为同事在一起工作时间久了，总会有几个兴趣和脾气相投的人经常凑在一起吃饭、聊天，这是人之常情。但管理者也不能放松对"小圈子"的警惕，如果这些"小圈子"演变成了"小山头"开始拉帮结派、搞办公室政治，就要及时处理，绝不姑息。

用大禹的方法治"山头"，能"疏"就不"堵"

任何一位在某家公司做过管理工作的人，都会对下述场景极为熟悉：领导交代给某部门主管 A 某件事，但是这件事需要另一个部门的主管 B 配合。过了很久这件事都没有办妥，领导很生气，把 A 叫到办公室准备训他一顿，但是 A 却很委屈地向领导投诉，这件事没办成不怨他，都怪 B 不合作，他也没办法。而如果把 B 叫来训话，他也会说"我自己的事还忙不过来呢，哪有闲工夫管别人的事"。面对这种情况领导训也不是，罚也不是，只能干瞪眼。

　　作为一名公司的管理者，肯定是希望公司各部门间能够打破"山头主义"的束缚，形成"公司一盘棋"的团结协作局面。可现实似乎总是与理想相差甚远，这些"美好愿望"充其量不过是一些遥不可及的"梦想"。

　　但是，管理者不能放弃，否则所有的事情就会像"多米诺骨牌"一样迅速崩塌，变得一发不可收拾。管理者将会面对越来越难以对付、难以挽回的局面，只能眼巴巴地看着企业迅速衰落而束手无策。所以，面对公司"山头林立"的局面，作为公司的管理者必须有所行动，这行动没必要雷霆万钧、大动干戈，可以参考大禹治水的方法，能"疏"就不"堵"。

　　金庸曾经说过"有人的地方就有江湖，有江湖的地方就有争斗"。中国是个人情社会，有公司的地方必有"山头"，管理者想要跟这个"传统"作对，无异于"以卵击石"，绝无胜算。

　　所以，首先要坦率地承认这种现实，是迈向"解决问题"的第一步。

　　其次，管理者要去寻找"各山大王"之间利益的"交集"部分，利用这"交集"诱使他们彼此合作。跟这些"山大王"讲"公司的利益高于一切"之类的大道理是行不通的。

　　最后，管理者要给"山大王们"以积极的引导，教给他们"求人不如求己"的思维方式至关重要。

　　以文章开篇所述场景为例。当"山大王"A 因为在某件事上"山大王"B 没有提供合作而到领导这里"投诉"时，领导要给他两条解决问题的"线索"。

　　首先，A 是否有可能不依靠任何人，独立完成那件事？

　　这就意味着，尽管按照"公司制度"，那件事理应由 B 来协助完成，但 B 出于种种原因不提供有效的配合致使事情难以获得进展的时候，A 就应该迅速忘掉"公司制度"，尽量以自身所拥有的资源去独立完成那事，别认死理儿。

　　一般来说，"山大王"们都会有一些自己在人力、财务方面的资源，充分动员这些资源，未必解决不了问题。而凡事都拿"公司制度"与对方叫板，只会招致对方反感，不可能促使对方真心实意地提供配合，最终只能是耽误了自己的事情。

　　其次，如果那件事必须依靠 B 的协助才能完成，A 应该尝试跟 B 进行有效沟通从而促使对方心甘情愿地配合自己，而不是直接捅到领导那里，这样只会加剧各"山头"之间的矛盾。

　　一家公司内部的绝大多数人，在遇到需要别人协助的事情而和人家沟通时，往往都不能把握好一个恰如其分的火候，或者找不到一个有效沟通的方法。要不就是"低三下四"，要不就是"盛气凌人"。这样的沟通很难取得效果，最后只能把问题推给公司领导，请求领导的"最终裁决"。

　　诚然，解决这些下属力所不能及的问题是领导的职责，但是，有一个原则领导必须要遵守，那就是公司领导一定不要过于轻易地介入到这些问题中去。领导要培养下属自己寻找"一种更好的沟通办法"的能力。否则，下属对领导的依赖性会越来越强，他们永远都不会有长进。

　　说到底，对付企业中的"山头主义"其实就两点，一是抓住他们之间的利益"交集"，二是促使他们之间有效沟通。

第 20 章 "窝里斗"毁的是自己的前途

道"和"气"顺"才能生财

所有的企业管理者都想建立一种团结协作的企业文化，使员工在一种互帮互助、相互信赖、相互扶持的状态下一起进步。然而，在现实中这种理想状态并不常见，很多企业存在窝里斗的现象，尤其是存在明确竞争关系的中层管理者之间，最终使得这些管理者既做不好管理工作，还拖了企业的后腿。

作为管理者，与同级的关系都处理不好，又有什么脸面和力量去管理下属呢？企业的中层管理者之间存在一些竞争，但竞争应光明正大地进行，如果一味地排斥竞争对手，该合作时不合作，搞得企业内部乌烟瘴气，则是愚蠢之举了。

《孙子兵法》认为，"道"是赢得战争的第一种因素，所谓的"道"，就是让企业内部员工，尤其是管理者之间形成一致的价值观。因为只有员工之间紧密协作，形成强大合力，企业才能从容应对激烈竞争的市场环境。

公元前 283 年，蔺相如完璧归赵之后，又在渑池会上巧妙地跟秦王争斗，维护了赵国的尊严。赵王就提拔他做了上卿，地位还在廉颇之上。

这样一来，廉颇恼火了，他对人说："我在赵国做了多年的大将，为赵国立了不少的战功，而蔺相如本来是一个出身低下的人，只靠说了几句话的功劳就位于我之上，我实在没脸见人。我要是遇上蔺相如，一定要羞辱他一番。"

蔺相如听到廉颇这些话后，就处处忍让，尽量不与廉颇见面。每天上早朝时，他就称病不上朝。有一次，蔺相如乘车外出，碰巧遇上廉颇，连忙让仆人驾着车子躲开他。蔺相如身边的人看到这种情形都很生气，说蔺相如太软弱了，要离开他。

蔺相如坚决不让他们走，并向他们解释说："你们想想看，秦王那样威严，我都敢在秦国的朝堂上当众斥责他，我蔺相如再不中用，也不会惧怕廉颇将军。我是在想，强大的秦国之所以不敢侵犯赵国，只是因为我国的文臣、武将同心协力的缘故。我与廉颇将军好比是两只老虎，两虎相争，结果必然不能共存。我之所以采取忍让的态度，正是考虑到国家的安危呀！"

不久，这些话让廉颇知道了。他感到既悔恨又惭愧。为了表示自己认错改过的诚意，他脱掉上衣，背上荆条由宾客领着来到蔺相如家里请罪。一见蔺相如，廉颇就恳切地说："鄙贱之人，不知将军宽之至此也。"意思是说：我这个粗鲁的人，不知道将军对我能如此的宽宏大量呀！

从此，蔺相如和廉颇这一相一将情谊更加深厚，结成了生死与共的朋友。

正是因为蔺相如的深明大义，使得廉颇形成了与之一致的价值观，并成了生死与共的朋友。两位大臣的团结友好，使得赵国的地位更加牢固。一个企业也一样，只有企业员工团结一致、互相信赖、互相扶持，不进行"窝里斗"，这个企业才能够健康、快速地发展起来。

在企业的经营原则中，很重要的一条就是"和"。企业的成功需要的是每个员工的通力合作，只有大家团结一心，共同前进，才能有洋溢活力的、富有韧性和刚性的集体，才能使得企业在一种和谐的氛围中发展壮大。

今天，个人英雄主义的时代已经一去不复返了，靠个人的力量无法赢得市场的决胜权，只有通过借助他人的力量才能提升竞争力。因此，我们每个人都应该具有共赢思维，善于借助他人的力量，在成就他人的同时也成就我们自己。

日常工作中，由于个性的不同，管理者有时会与同级之间产生一些小矛盾和小误会。我们不能因此就与同级过不去，进行"窝里斗"，这样到头来不仅损害了企业的利益，自己的利益也会受到牵连。正确的处理方式是出现矛盾时，主动与同级进行沟通，在第一时间化解误会，然后与同级携手为企业贡献自己的一份力量。企业壮大了，自己也会从中受益。

做企业，学狼不学狗

狼总是夹着尾巴，不像狗总是把尾巴翘得高高的。狗是喜欢窝里斗的，它们见面就咬，一咬就得拼个你死我活。狼不喜欢窝里斗，不做无谓的牺牲。狼就是狼，狗就是狗。狼在草原上肆意驰骋，狗只有看家护院的份。

从 1999 年 12 月 WTO 协议生效的那一刻开始，我们的企业就大喊："狼来了！"弹指一挥间，几年的过渡期已过，狼真的成为对手的时候，我们才真正意识到自己的弱势。于是，有些专家就提出，与狼共舞，首先自己要成为狼！话是这样说，可怎样才能成为"狼"呢？我们的企业往往习惯于"窝里斗"而不去跟巨头竞争，结果是自己的企业满身是血，两败俱伤。因此，联合起来变成"狼"也是一个很好的方式。可是能联合的又有几家？因为我们的企业谁也不愿意在这个市场上失去自己的领地！不能联合成"狼"，而是窝里斗，只能成为任人宰割的"羊"。

一个企业的管理层不能"窝里斗"，因为这是在内讧，毫无建设性和成长性可言，而且会使员工手足无措。管理层之间应该互相补台，而不是拆台。如今，各企业普遍建立了互补型领导结构，就是希望能够集各人之长，发挥出最大的团队优势。互补型领导结构一般可以划分为四种类型：一是任务互补，比如让 CEO 负责对外事务，让 COO（首席运营官）负责内部管理，或者安排各高管分管不同的业务或业务组合；二是专长互补，比如 Adobe 公司的 CEO 有销售和营销背景，而公司总裁兼 COO 则有工程和产品背景；三是认知互补，像 Synopsys 公司的 CEO 德戈伊斯和总裁兼 COO 陈志宽，虽然都有突出的技术专长，但前者是创意不断的梦想家，后者是脚踏实地的实干家；四是角色互补，比如可口可乐公司的前 CEO 戈伊苏埃塔唱"红脸"，负责与外部利益相关者搞好关系，而当时的 COO 伊韦斯特唱"白脸"，目标就是要击垮百事可乐。这些管理层的成员因为能够互补，所以使各自的企业蒸蒸日上。

一些曾经辉煌过的巨子企业倒闭或者破产，很大程度上不是因为市场竞争激烈给了对手摧毁自己的机会，而是因为自己的企业文化不再成为企业成员的信仰，自己否定了自己。

没有人会怀疑，真正能够让企业文化产生衰退现象的最大"硬伤"是勾心斗角。勾心斗角一旦出现，如果负责人不能及时"掐灭于未萌，避危于无形"，它就会传染到每一个企业成员身上，并不断滋生蔓延，进而影响整个企业文化的健康肌体。

在一个企业，一般谁是制造勾心斗角企业文化的始作俑者？研祥集团的老板陈志列曾经说过一句很直白、很地道的话："一个公司内部勾心斗角多还是少其实是老板起的作用更大一些。老板给出了什么导向，怎么运营这个循环系统是很重要的。也许有一些人在其他单位里，他可能不必通过把工作干好，而是通过把人际关系干好，就能得到他想要的位置或者是待遇。"

如果老板能够洞若观火，明察秋毫，不给下面的人以勾心斗角的机会和空间，那就不会发生这种现象。所谓上有所好，下必效焉。

如何杜绝勾心斗角的企业文化？这在很多企业家看来是一件十分棘手头疼的事情。很多人把西方管理理论当作企业圭臬和行动指南，"言必称希腊"。一位济南老板尝试过后发现："恰恰是这种管理模式，让人与人之间的距离变得越来越远。企业员工之间同样存在着勾心斗角，企业和谐文化的建立也很艰难，更不要说培养起来的人才能够从心底为企业着想。"

而一位南京的老板似乎找到了答案。他说："（这）是因为我们企业家本身就没有达到一个社会人该有的品质，没有达到一些基本的做人标准。比如，对父母的孝顺，对家人的关心。一个人对父母都不负责任，又怎么能对他人负责？"这位老板在学习和感悟之后，回到家给自己的母亲洗脚。后来他将这一项"礼规"说给中层领导听，让他们体会母亲的不易。没想到，这种做法在全公司得到了员工的肯定。而该公司曾一度盛行的勾心斗角的企业文化也销声匿迹了。

据说，著名品牌——天山味精在改制前是八一糖业有限公司的一家下属企业。八一糖业破产后，天山味精实行改制，其时受到了政府有关领导前所未有的重视，并给予了一系列的优惠政策。可是在几年之后，天山味精日益萎缩，还面临着二次破产的境遇。董事长、总经理龙卫东对此感叹："当他人在一心一意发展壮大自己企业的时候，我的企业却在勾心斗角、争权夺利，这才是天山味精公司难以快速发展的重要原因。"龙卫东一语道了天山味精的"硬伤"，是勾心斗角的企业文化害了它。所以，我们每个人、每个企业都要自觉自律，绝不能窝里斗。

"窝里斗"会导致内战内行，外战外行。团队不团结，就会毫无战斗力，就有被人吞并和取代的危险。家庭窝里斗，就会兄弟反目，父子成仇，事业荒废。中国企业，无论是从规模、还是技术水平抑或品牌上看，都不如跨国公司。如果还"窝里斗"，那赶超世界就只能是一个遥远的梦了。

第 21 章　乱发脾气是告诉员工你无能

爱发脾气的领导不是好领导

网络论坛的员工区有这样的一个帖子："如果你有一个爱发脾气的领导，你会怎么办？"

回帖者络绎不绝：

A 说："楼主，你就炒他鱿鱼。"

B 说："远离他，让他成为空头司令！"

C 说："找一个最无理的时刻，让他看看你的脾气，一定有效！"

D 说："要么挨骂，要么跳槽！"

员工的回答似乎都在表达一个相似的观念，那就是这个爱发脾气的领导是可恶可恨的。

领导作为一个部门或者企业的负责人，掌握着权力的同时也承担着巨大的工作压力，他们所说的话都将成为一种决策，代表着一种权威。很多时候，领导是下属的指向标，下属要依照领导的要求去完成工作。领导希望在下属中树立威望，希望自己能对下属产生心理震慑，所以，如果工作进行得不顺利或者在他对下属有所不满时，他就有可能"火山爆发"。

没有人愿意天天守着一座随时可能会爆发的"活火山"，久而久之，员工对领导就会有很大成见，而领导对员工也会更不满意，企业的工作环境必然会受到影响，企业的利益就会受到威胁。

张靖是一家商贸公司的尖端人才，做事迅速，不喜拘束。这一天，他早早地完成工作，于是他拿起一份报纸看了起来。

这时去和外商谈判的老总回来了，老总对公司的人事很少过问，因此他对张靖也缺少了解。就在他进来的同时，看见了张靖手里的报纸，于是怒从中来。

"你们这群人一天到晚都在干些什么？看看这办公室乱的，就和猪窝似的，一天拿着公司那么多钱，就知道混日子，什么都不会干，公司雇你们是为了赚钱的，不是养废物的。"

办公室只有张靖在看报纸，他对这个久闻大名却很少见面的领导的"杀威棒"感到很不适应，他认为老总是在挑刺，他腾地站了起来，瞪着眼睛向老总喊道："你凭什么说我是废物！我按时上班，及时完成工作，从来没有早退、请假过，我的策划方案也做得非常优秀！办公室的卫生有保洁人员收拾，与我何干？"

张靖因为一直得到部门经理的器重，所以对"尊重领导"的概念非常单薄，性子直，受不得半点儿委屈。而老总只看到了张靖表面上的闲散，误以为他不务正业，爱发脾气的他怎么能容忍这些。结果是张靖辞职了，之前已有别的公司大力挖他，他碍于部门经理的赏识而没有离开，这一次彻底断了他的徘徊犹豫。

张靖手里的一个未公开的策划案价值不菲，却给别的公司带来了巨额利润，他的前老总也只能扼腕叹息。这位老总的脾气让他损失了一员大将，让公司的利益莫名损失，实在是不智之举。

懂得聚拢人心的领导，是不爱发脾气的。他们不会随便让自己的坏情绪影响到他人，进而影响到与他人之间的关系。成大事者必是自己情绪的主人，在做事时冷静沉着，不急不躁，不因小事不顺而气急败坏，落人笑柄，自损颜面。

东晋大臣王述是个性情急躁爱发脾气的人。

王述喜欢吃卤鸡蛋：就是把煮熟的鸡蛋去皮，再在卤汤中煮，其味道香极了。这天，厨师又特意为他准备了卤鸡蛋。看到又香又大的卤鸡蛋，王述口水都要流下来了。他迫不及待地拿起筷子就夹，可是鸡蛋太滑了，怎么夹也夹不上来，这可气坏了王述，脑门上不禁渗出一层细汗。于是，他干脆用筷子叉，可是鸡蛋很滑，他怎么都叉不到。王述连续试了几次都不成功。这下他可发脾气了，再也没有耐心去夹鸡蛋。怒气冲冲地把整盘鸡蛋都掀到了地上。鸡蛋在地上滚来滚去还是没有停，看着鸡蛋不停地在地上打滚，他的火气更大了，慌忙穿上木屐下地去碾，可还是没碾到。他气得要命，于是找来厨师问责，无理地说是他挑的卤蛋有问题，专找滑的、圆的，还大声地训斥了他。自此以后，王述在家中再也吃不上卤鸡蛋了，因为他的厨师已经不敢再做了。

王述的爱发脾气只让他少了口福，如果是一个企业的领导爱发脾气损失就大了。员工会因为领导爱发脾气而做事畏头畏尾，不敢创新；也会因为领导的爱发脾气而心生成见，对工作敷衍了事。这样对于一个企业来说，无疑是致命的伤害。

好脾气，不嫌弃

胡适曾经说过，宽容比自由更重要。精明的领导会在意每一个员工，让他们发挥自己的作用，而不是处处挑刺、找毛病，这才是领导的好脾气。

领导要求员工提出一些建设性的意见，而往往不看重员工提的"非建设性意见"。领导的嫌弃让很多员工丧失了提意见的主动性，变成了被动地接受，企业有些决策就会脱离基层，没有实际意义。

在员工看来，他们会担心自己的意见与领导相悖，招来责骂。甚至有些公司的老员工会向新员工传达自己的"经验"："千万不要对某某领导提建议，他最恨员工自以为是的高明意见。即使是他出了错，你也不要指出。"

这位领导无论如何也不会想到自己的"小性子"会换来如此多新旧员工的非议。他的嫌弃和不宽容，让员工对他形成了固有的成见，很难改变。在他每次犯下错误却苦苦思考原因的时候，员工没有人敢去主动帮助他；他的一些错误性管理让公司利益受损的时候，他的员工也没有提出解决的方案。员工处于保守的环境里，领导孤军奋战，这样的企业怎么能变好变强？

东晋初年，大丞相王导对待下属从不嫌弃。一日他家里的一个仆人因为家乡大旱，颗粒无收，仆人便把自己的儿子带回丞相的宅院偷偷安置。不料被管家发现，儿子被管家拉在丞相面前，数落仆人的罪过。仆人自然如实说出，不敢有半点虚言。仆人在丞相的府中十多年，深知饱读诗书的优势。儿子从小便被要求要勤奋读书，诵古通文。

丞相看仆人的儿子长相灵气，又会诗书，便对仆人说："你这儿子没必要藏起来，在我府中好好地生活吧，与我府中孩童共用先生，以后定能为我所用。"

果不其然，仆人的儿子聪慧非常，好读书，很快成了丞相的心腹，为他解决了不少烦恼。

丞相王导宽恕仆人、体恤仆人，为他带来了极具潜力的人才。一次的不嫌弃，换来了一个人才。在一个企业，领导的人缘很重要，没有人缘，就会被孤立。人缘的取得，靠的就是不嫌弃。领导的不嫌弃作风对于企业来说，无疑是拂动杨柳的春风，能够唤起盎然的生机。

沪市的一家化妆品企业，在各大院校招聘实习化妆师，薪资颇丰，引来了数以百计的应聘人员。在这其中有一个非常不起眼的女生，抱着对化妆品行业的热情和憧憬前来面试。同来应聘的人装扮精心，胸有成竹。轮到她面试时，她没有惊慌，而是大方地说出了自己"对化妆品没什么研究，只是抱有一腔热情"的情况。这一举动引来了部分面试官的侧目，然而有一名面试官对她犹有好感，坚持留下了她。

如今，她已经是该化妆品公司的金牌化妆师，好多模特明星的妆都经由她手。该化妆品公司也因她的名气一跃成为行业内的佼佼者。

有一次，她好奇地问坚持招她的面试官："为什么你当时没有嫌弃我，还坚持留下我呢？"

这个面试官就是她现在的领导，他说："留下你，是因为我看到了你的潜力。我不嫌弃你，是因为没什么好嫌弃的，现在不会化妆不代表以后不精通化妆。"

这个面试官的不嫌弃，造就了一个化妆达人。领导的不嫌弃，也会迎来属于自己企业的达人。只有领导的好脾气、领导的不嫌弃，才是员工的好福利，企业的大动力。

有能力的领导不迁怒

在企业经营管理的过程中，为了责权分明，以儆效尤，领导一般会对经营中的失败、投诉和损失去追究员工的责任，对他们进行严厉批评、处罚。可是倘若企业领导过分追究员工责任或冤枉员工，他们的迁怒是不是不应该呢？会不会把自己的责任全部卸在员工的肩上，用他们强大的话语权让员工吃上哑巴亏？这要是成为企业文化的一种常态，那整个企业团队就会慢慢地丧失执行力，怠于合作，人际关系也会变得越来越差。

很多时候，领导对员工无故迁怒，而自己不反省、不改正，将会给企业带来巨大的恶果。

他是公司领导的文案，平时做事精细严密，很少出差错。领导迷恋炒股，投入了大量资金。股市一直处于强劲势头，每次领导走进办公室，都会对他称赞有加。一日，他一如既往地干完了分内之事，整理着领导的桌子。只见领导气势汹汹地推开门，重重地坐在了椅子上，嘴里不住地谩骂股票。他变得更加小心了，一声不吭。

领导突然急着性子找东西，满头大汗、面目狰狞地看着他，对他严加训斥："我的案子哪里去了，股市偷我的钱，你偷我的案子！"显然，领导不是理性的。可是他最听不得"偷"字，他隐忍的个性压住了怒火，但随时会爆发。领导急需宣泄的窗口，于是拿他来出气，污言秽语难听之极，还将"偷"字反复说出。

事后，他在一怒之下把企业所有的资料随便卖给了一家公司，结果把自己也送进了监狱。而对于这家公司的领导来说，他不仅失去了一名优秀员工，还有公司的秘密材料。他毫无理由的迁怒让公司付出了惨重的代价。

一个有能的领导不会轻易迁怒员工，而是自己承担错误。

某企业领导在全体大会上对员工进行企业文化的培训演讲，由于秘书临时有事请假，领导初稿匆匆完成后就习惯性地丢在了秘书的办公桌上。演讲当天领导就拿着未修改过的材料上台演讲。在播放PPT的过程中，出现了很多的错别字，让现场的气氛变得很尴尬。该领导并没有将错误推给秘书，而是郑重地向所有的员工道歉。

他说："我犯了两个错误，一是因为个人最近很忙，初稿的制作就草草了事，没有细究；二是我的习惯性思维让我把修改的任务推给了秘书，而秘书请假不在，我却忘记了。幻灯片上的每一个错别字都是我的一个歉意，这也是我们企业文化的自我反省精神。"

下面的员工们听完都由衷地送上了热烈的掌声，企业文化的培训演讲也显得非常和谐。

企业领导不因自己的过错迁怒于员工，不推卸自己的责任，更能赢得他人的尊重。

迁怒是一种掠夺，是一种情感的掠夺。迁怒者往往只注重自己的感受，而不顾忌被迁怒者能否接受。迁怒者霸道，而被迁怒者无辜。当然每个人都可能曾是被迁怒的对象，而同时又是迁怒者。这种角色之间的转换给人带来尊严与心理的损害是很大的，甚至无法弥补。对于一个企业领导来说，更不应该迁怒，而是要及时自我反省和承担责任，做一个有涵养的领导。

第22章　员工浑身上下都是"自我介绍"

员工的坐相会"出卖"自己

身体语言学家指出，人的身体是一个奇妙的信号发射台，每一个动作都将构成丰富多彩的身体语言。而坐姿也是人类身体与外界沟通的一种途径，它反映出一个人的内心情感。

坐姿通过有意识或无意识的变化，向外界发送思想、情感信息，从而解释人的心态、个性，以及一些观念。通过坐姿，你可以了解他人。

1. 喜欢端正的坐姿

习惯将两腿和两脚跟紧紧并拢，把手放在膝盖上、坐姿端正的人，通常性格同姿势一样，性情谦逊温顺，为人正派，性格内向。他们对自己的感情非常敏感，隐晦极深，就算与喜欢的人相处，也不会说出太甜蜜的言语。他们秉性纯挚，善于为他人着想，所以很有人缘。

2. 喜欢古板的坐姿

入座时，将两腿和两脚跟靠拢在一起，双手交叉放在大腿两侧。由于双手交叉是相对封闭自己的手势，所以有这类坐姿的人为人刻板，很难接受他人的意见。他们缺乏耐心，容易厌烦，凡事都想做得尽善尽美，但往往没有能力完成。他们爱夸夸其谈，缺少实干的精神。

3. 习惯于腼腆的坐姿

有的人在坐着的时候，两膝盖并在一起，小腿随着脚跟分开呈"八"字形，两手相对，夹在膝盖中间。这类坐姿的人非常害羞，不擅长与人交往，他们感情细腻，却不会表达感情。

这类人比较保守，习惯运用陈旧的经验做依据，没有创新和突破的能力，容易因循守旧。在生活之中，他们对朋友十分友善，有求必应，感情真诚，每当朋友需要，立刻就会出现。

4. 坚毅型的坐姿

有的人在入座的时候，习惯将大腿分开，两脚脚跟并拢，两手放在肚脐的部位。这类坐姿的人有勇气、有魄力、有行动力，一旦考虑了某件事情，就会立即采取行动。这类人属于不断追求新生事物、挑战自己的人，他们适合担当领导，具有权威性，并能用自己身上的气势威慑他人。

5. 怡然自得的坐姿

怡然自得的坐姿是指半躺半坐，双手抱于脑后，一副悠闲的样子。这类人个性随和，喜欢与他人攀谈，与任何人都能打成一片。同时，他们善于控制自己的情绪，容易获得大家的信赖。他们适应能力强，对生活充满希望。他们口才极佳，但并不是在任何场合都会与人争论的人，是否要亮出自己的观点，完全取决于他们当时面对的对象。

6. 放任无拘的坐姿

放任无拘的坐姿是指坐着的时候，两腿分开，距离较宽，两手随意放置。经常这样坐着的人，喜欢追求刺激，喜欢标新立异，因此，偶尔会成为引导都市消费潮流的"先驱"。他们喜欢与他人接触，人缘不错，并且从不在意他人对自己的评论，这一点是有些人很难做到的。所以，他们很适合做社会活动家或类似的职业。

在日常管理中，只要仔细观察，管理者就会发现员工的坐姿各具特色：有的人喜欢跷着二郎腿，有的人喜欢双腿并拢，有的人喜欢双脚交叠……每一种坐的方式，似乎都是无意的，其实不然，怎么坐事实上已经成为我们的一种习惯，扎根于我们内心深处，成为我们个性和心理状态的"代言人"之一。

观察员工坐相，是管理者深入了解员工很好的一个突破口。

读懂员工的"手语"

手是人类最常使用的身体部位，当人内心有感情波动时，会很自然地用手部动作去表达，比如我们经常会看到一个人在打电话，说到激动处时，明明对方看不到，仍会用手在身前挥舞。

企业的管理者如果注意观察员工的手部动作，就会发现，员工喜怒哀乐都会用"手语"表达出来。

经济危机来临，小郑不幸被公司裁员，然而祸不单行，偏偏在这个时候女友又提出了分手。他觉得十分绝望，双手十指交扣，痛苦地紧握在一起。似乎觉得无法承受，他的双肘支撑在桌子上，握紧的手顶着脑袋，觉得自己头痛欲裂。

小郑的手部动作就透露出了他此刻的心理世界。在遭受了一系列打击之后，小郑的心灵受到了严重的创伤，于是开始自我封闭。紧握的双手所形成的闭合空间就是他封闭内心的外部表现。

现实生活中，手势反映心理的例子还有很多，下面就两种典型的手势做些具体的介绍。

1. 手心示人多为善意

把手心示人通常让人们感到的含义是表示服从和妥协，可以说这是一种表达善意的手势。这个动作首先让我们联想到乞丐乞讨时的惯用动作，表达哀求之意。而从历史上看，这个动作应该是人们用来告知对方：我的手中并没有武器，我是友好的。

表达友好的手心向上动作也经常见于我们的生活之中。比如礼仪小姐在指引路线时，就会用手心向上的动作指明前进的方向，代表了一种友善的诚意。又比如向某人介绍另一个人时，也会用手心向上的手势指着被介绍者，这其中还蕴含着尊敬感。

而表示妥协的手心向上姿势我们也经常见到。当丈夫遭到妻子的责骂时，通常会双手一摊，表示"我的确什么也没干过"。这个姿势既是表明自己的清白，也有着承认错误并且要求妥协的意思，不希望妻子继续声讨他。但撒谎的男人一般不会做这个动作，他会下意识地隐藏自己的手心，而敏感的妻子就能从中发现不妥之处。

另外，举起一只手并以手心示人，表明自己想要发言，或者想引起注意。而将手掌按压于心口之上，表明自己的真心。

2. 隐藏手心表示想要控制对方

与手心向上或者露出手心相对，手心向下或者隐藏手心就有了完全相反的意思。多数时候，这个姿势代表了一种权威性。

你对着某人做出这样的动作，将手掌反过来，摆出手心朝下的手势，对方可能马上就会意识到你希望控制他。一般来说，这个动作多由上级对下级做出。并且这个手势也不会对上级的要求产生任何消极的作用，因为你本来就有凌驾于下级之上的权力，这个手势不过是强化了这一认识，对方会立刻照做。假如你和对方的身份和地位平等，当你对他提出要求并做出了手心朝下的动作，这个时候对方很可能会拒绝你的要求，因为你的动作让他感觉到了你想控制他，而通常男性是不会希望同级别的另一个人指挥自己的。当然，下级对上级就更不适合用这种姿势了。如果你的下属经常在你面前做这种手势，你就要小心了。

观察员工的眼睛

眼睛是心灵的窗户，这句话几乎所有人都知道，但很少有人会在谈话时注意观察对方的眼睛。如果管理者在日常管理中注意观察员工眼睛的运动轨迹就会发现，员工没有什么能瞒得过你。

神经科学的研究告诉我们，当我们思考时大脑中的不同区域会被激活，导致眼睛向不同的方向运动。眼睛向左上方看时，表明大脑正在回忆过去的情景或事物；眼睛向右上方看时，表明大脑正在想象一幅新的画面；眼睛向左下方看，表明大脑正在回忆某种味道或感觉；眼睛向右下方看，表明正感受到身体上的痛苦。也就是说，眼珠转动的方向会暴露我们的思想。借助这个线索，我们可以从对方眼睛运动的方向来判断对方是否在说谎。

具体来说，眼睛向左上方看，意味着大脑正在搜索记忆，所说的是真话；眼睛向右上方看，意味着大脑正在创建想象，所说的就是谎话。如果周一早上问你的同事周末是怎样度过的，对方回答："带儿子去游乐场了。"此时，如果他的眼睛向左上方看，说明他脑海中正在浮现昨天和儿子在游乐场玩乐的情景，并没有撒谎。而如果他的眼睛向右上方看，则说明游乐场一事只是他临时编造出来应付你的谎言。

人们在思考时，眼睛的运动方向是由大脑内活动的区域决定的，很难人为控制，因此，观察眼睛的运动方向来判别谎言不失为一个很好的办法。不过，为了确保判断的准确性，使用这个方法还有两个很重要的注意事项。

1. 事先编造好谎言的人眼睛不会转动

眼睛的转动必须和相应的思维活动相联系才有意义，如果人们已经事先准备好了一套说辞，就等着你问他了，那你就不会看到他的眼睛运动有什么不同。因为即使谎言是虚构的，此时也变成了一种记忆。因此，只有在人们没有准备的情况下，一边说话一边构造谎言的时候，才能采用这种方法来判别。

2. 眼睛解读线索并不适用于所有人

上述规律总结了大多数人的眼睛运动方式，但它并不适用于所有人，现实生活中总是存在着许多例外情况。例如，惯用左手的人眼睛转动的方向可能正好相反，往左上方看不是回忆而是编造谎言的表现。为了确保判断的准确，可以先提一些试探性的问题，找准对方眼睛转动的规律。例如，你可以先问对方"你觉得20年后你会是什么样子？"这是一个关于想象的问题，仔细观察可以确定他在创建想象时眼睛转动的方向，然后就可以进行正确的判断了。

第 23 章　小习惯背后的"大内心"

从言谈习惯看员工内心

在工作之余，同事间聊天是再普通不过的事，但是，恰恰是这些没有什么正经事的闲谈，能帮助管理者探知他人的内心世界。言谈习惯是一个人性情的外在体现之一，不同的言谈习惯能够反映一个人不同的个性特征。

有一部分人一开口就打开话匣子停不住，这样的人在说话的时候可能唾沫横飞。一般说来，这类人非常不适合职场社交，因为他们往往不注意你是否有时间和他们说话。他们说话常是为了安慰自己或者让自己镇定下来，从而转移自己对烦恼的事或者一些重大的情感问题的注意力。这些人喜欢听自己说话，所以他们的个性中常常有一些自恋的倾向，他们不在意自己是否对别人产生影响。太过投入的他们，是感觉不到自己有多么令人厌烦的。就算碰巧身边没有人，他们也不会闲下来，往往会自言自语以自娱。

从心理学的角度来看，他们不停地说话也许可能是一种自我防卫机制，以此来回避被遗弃和孤独的恐惧感。因为他们非常需要听众，所以他们要是和他人待在一起，非常喜欢抢着说话。同时，他们又以自我为中心，是那种经不起侵犯，一触即发的人。他们的脾气不好，脾气一旦上来，压也压不住，就会直接爆发出来。所以，如果你有意打断他们的话，他们会不甘示弱地扯高嗓门，要和你拼一拼。

如果员工是这类一根肠子通到底、凡事不三思而行的人，就会很容易闯祸，也很容易掉进他人的圈套。管理者要慎重使用，不要轻易委以重任。

一个人的谈话被他人打断，不同的人有不同的表现，管理者可以通过这些不同表现判断员工是什么类型的人，应该委派给他什么样的工作：

1. 没有自信的人：把剩下的话吞下去

有的人被打断后即把后面的话吞下去，不再开口。一般说来，这样的人对自己没有信心，缺乏自信心，对人际关系更没有信心。对他们来讲，话讲到一半就被人打断，甚至转移话题，这是非常不尊重他们的表现。他们觉得受这样的侮辱是很见不得人的，所以尽可能地把话吞进去，还希望大家不会注意到他们。这是一件很令他们难过的事，而他们是那种受气也不吭声的人。

2. 盛气凌人的人：马上要求对方尊重他

这种人气势凌人，颇有管理者的架势，在他们讲话的时候不许别人插嘴或打断，否则他们不会坐视不管，会当面警告对方要尊重他们的发言权。他们会说："哎呀，你到底听没听我说话，等我说完你再说！"他们的性格是很主观的，而且以自我为中心，他们想做什么事，就会按照自己的意思来做，不容许别人干涉，一旦有人干涉，他们会毫不客气地提出纠正。这除了要有很大的自信外，也要有很大的勇气和很强的实力，这种直接响应对方的做法，很容易引发冲突。

3. 沉得住气的人：等对方说完，再接下去讲

这种人是那种话不说完心里不舒服的人。一旦有人不尊重他们，打断他们说话，而他们只好等对方讲完，再接下去讲。从这点可以看出，他们是沉着稳重的人。虽然他们知道对方不尊重自己的发言权，但他们又不便当面翻脸，只好耐心地等对方讲完，再很有君子风度地继续讲完。这样，一来可以避免话没讲完的尴尬，二来可以给对方一个教训。这种人可以说懂得

很好的制敌之术。

　　每个人都有自己的言谈习惯，而且不同的人所具有的言谈习惯都有各自的特点。心理学家经过反复调查和研究，了解到一个人的说话与其性格有着直接的关联，而且可以把这种关联作为识别一个人的基本方法。因而，通过员工的言谈习惯来判断他的个性、品位、素质，可以让管理者对员工有更深的了解，增强对企业的掌控。

"招呼"不同，性格不同

　　美国路易斯维尔大学心理学家斯坦利·弗拉杰博士声称，从一个人打招呼的习惯用语中，可以看出一个人自身的很多东西。能揭示性格的习惯用语，是指与刚刚结识的友人打招呼的习惯用语。每一种习惯用语，都表现了说话者的性格特征。

　　1. "你好！"

　　这样的人大多头脑冷静，只是有点过于迟钝。对待工作勤勤恳恳，一丝不苟，能够把握自己的感情，不喜欢大惊小怪，深得朋友们的信任。

　　2. "喂！"

　　此类人快乐活泼，精力丰富，直率坦白，思维敏捷，具有良好的幽默感，并善于听取不同的见解。

　　3. "嗨！"

　　此类人腼腆害羞，多愁善感，极易陷入尴尬为难的境地，经常由于担心出错而不敢做出创新和开拓的事情。但有时也很热情、讨人喜爱，当跟家里人或知心朋友在一块儿时尤其如此。晚上宁愿同心爱的人待在家中，也不愿在外面消磨时光。

　　4. "过来呀！"

　　这种人办事果断，喜欢与他人共享自己的感情和思想，好冒险，不过能及时从失败中吸取教训。

5. "看到你很高兴。"

这种人性格开朗，待人热情、谦逊，喜欢参与各种各样的事情，而不是袖手旁观，这样的人开朗活泼，是十足的乐观主义者。不过，他们经常喜欢幻想、被自己的情感所左右。

6. "有啥新鲜事?"

这种人雄心勃勃，好奇心极强，凡事都爱刨根问底，弄出个究竟，热衷于追求物质享受并为此不遗余力，办事、计划周密，有条不紊。

7. "你怎么样?"

此类人喜欢出风头，希望引起别人注意，对自己充满了自信，但又时时陷入深思。行动之前，喜欢反复考虑，不轻易采取行动，一旦接受了一项任务，就会全力以赴地投身其中，不达目的，誓不罢休。

对于刚入职的员工，管理者可以注意观察他们跟新同事打招呼的方式，然后根据以上规律判断他的性格和职业发展道路。

第 24 章 "抓细节" 不是 "找碴"

细节决定成败

"细节重要"这句话已经和"顾客是上帝"这句话一样，成为企业界最著名的也是最经典的两句"废话"。每个人嘴上都挂着，但没人真把它当回事儿。尤其是"细节重要"，所有的管理者都会说，但真正理解其含义的却凤毛麟角。

有的管理者对"抓细节"仅有字面上的理解，没有深入研究，在管理上用故意"找碴"的方式体现，搞得公司上下怨声载道。他们根本不知道，对细节紧抓不放并不是故意"找碴"，而是为了防止推倒"多米诺骨牌"的第一张牌。

某公司要求每个员工都要按照标准着工装，女员工要按照标准把头发扎起来并戴上头花。该公司销售部的几位女员工立刻联合起来向公司领导提出抗议："太过分了，连扎不扎头发都要管！这是我们的自由，我们也有选择自己爱好的权利！"

该公司的领导回应道："咱们公司的要求还有很多，比如不许戴耳环、不许化浓妆，等等，是不是也妨碍到了你们的权利？公司禁止穿牛仔裤上班是否也妨碍了你们显露身材的权利？或者说，如果你们真的是身材曼妙，觉得只有比基尼最能展示美好身段的话，是不是公司也应该允许你们穿比基尼来上班？"

这位领导的回应看起来有点胡搅蛮缠、嬉皮笑脸，其实细想起来也颇有道理。银行的女营业员、空姐、高级酒店的女服务员都是这样的形象要求，看起来非常职业、端庄。该公司下达这样的规定是有一定道理和目的的，跟故意"找碴"完全是两码事。

　　除了上述的几名女销售人员外，这家公司的很多员工都认为公司制定并执行这些关乎"细节"的制度，简直就是"找碴"，因为它看起来"毫无用处"。"扎不扎头发"和"做好工作"之间到底有什么关系？工作做好了不就完了吗，你管我扎不扎头发呢？

　　这话听起来好像很有道理，说出来也理直气壮很有气势，但根本经不起仔细琢磨。"不扎头发"真的就能"做好工作"吗？人的欲望是无穷的，得寸进尺几乎是人的本能。领导今天允许女员工不扎头发来上班，恐怕明天她们就会觉得工装也碍事儿，不如穿便装；后天可能就会戴个大耳环来上班；大后天也许就真敢只穿件比基尼现身了。到那时，想要好好工作基本是不可能的。

　　抓"细节"不是为了"找碴"，而是如果管理者轻易地放掉了一些"细节"，"惰性"与"惯性"就会悄悄地侵蚀员工的"意识"，往往会令员工不仅"止步于此"，其他的环节也会不断"沦陷"，直到整体变得一团糟为止。

　　简单点儿说，就是说如果员工都开始忽略掉第一个"细节"的话，其他的环节也会像多米诺骨牌一样迅速地崩溃，最终导致整个局面的彻底混乱；反之，如果管理者想挽回混乱的局面，也要从一个一个的"抓细节"开始。这就好像是用双手抓沙子，如果你的手指缝闭得不紧，沙子就会一点一点地漏掉，最终让你两手空空；如果你紧闭十指，一粒沙子都不漏，最终就会"满载而归"。

　　"千里之堤，溃于蚁穴"就是这个道理。所以，如果企业管理者想让员工始终保持适度的"紧张感"，保持饱满的精神状态以达成高效率的工作流程的话，就一定要从"抓细节"着手。

不要为了细节而注重细节

有很多管理者知道"抓细节"的重要性，也将之落实到了日常的管理当中，但他们又容易沉溺于细节，想要使细节变得更加完美，而在此过程中却迷失了他最初的目标，结果使工作变得一塌糊涂。所以说，你要重视细节，但不要过分沉溺于细节。

"播慢一点儿。"组长对他说。

"播慢一点儿。"导播对他说。

"播慢一点儿。"经理对他说。

"播慢一点儿。"居然在电视公司门口遇到总经理，也得到这么一句建议。

"我播得并不快啊，"年轻人心想，"我偷偷计算过了，别人播的字数跟我差不多，为什么大家不说别的主播播得快，却觉得我快呢？"

为了找到问题的所在，这个年轻人特意去拜访了以前的新闻系教授。"我注意到了，你播新闻给人的感觉确实有点快，"教授一见面就说，"不过那不是真快，而是因为你的气有点儿急。"

"气急？"年轻人不懂，"我一点儿没有上气不接下气的感觉啊。"

教授笑了笑，叫年轻人坐下，从茶几下面掏出个照相薄："来，先不谈报新闻，你瞧瞧，我刚从墨西哥回来，这么老了，还去爬玛雅人的金字塔呢。神不神？"教授指着一张照片，只见那几乎只有 45°的塔阶上，一群人手脚并用地往上爬，教授正是其中的一个。

"上去还好，下去可就恐怖了，"教授瞪大眼睛，"因为往下看，每个台阶都一样窄，几百阶直通地面，一个不小心，滚下去，就完蛋了。比起来，还是泰山好爬。"说着翻到相簿的另一页："你瞧，连你师母都上了泰山。"

"泰山为什么反而好爬呢？不是'登泰山而小天下'吗？"年轻人问。"因为泰山的石阶虽然也陡，可是每隔一段，就会有一块比较宽的地方，让你可以暂时休息休息。"教授指着照片说，"就算不小心，滚下去了，因为有比较宽的地方可以缓冲，也好得多。"

接着教授笑笑说："你注意，凡是给人危险感的，像是黄山的天都峰、玛雅的金字塔，都不见得因为它高，而是因为中间没有留下让人缓口气的地方。"

年轻人似有所悟，从此，年轻人播新闻就不再给人急迫的感觉了。以前批评他的人，一个个竖起大拇指："播得太棒了，不疾不徐、字正腔圆。"没多久，这位年轻人就当选了全国最受欢迎的电视记者。因此，许多新来的记者都去向他请教。

"说来其实不难，"这位年轻人说，"就像爬山，别一直往前冲，走一段总要喘口气，如果你一个劲儿地念稿子，中间没有明显的顿挫，就会让人觉得气急。相反，你可以播得很快，但是如果到专有名词的地方能稍稍放缓一点，在段落与段落之间稍微做个停顿，甚至轻轻点个头，笑一下，观众看来自然觉得你从容。"年轻人笑笑，接着说："哪个喋喋不休的女人，能表现出风韵？哪个一刻不停的男人，又能表现出风采？紧张当中要有节奏，忙碌当中要有休闲。绘画时，在紧密当中要留个空白；歌唱时，在段落之间要吸口气。抓住这个细节，才能显得从容。天下的道理其实都一样啊！"

是啊，道理都是一样的，不要为了细节而注重细节，这样也有可能适得其反。一些企业管理者容易沉溺于想使细节变得更加完美，而在此过程中却迷失了他们最初的目标。很多企业管理者把大部分时间花在细节的处理上，使细节变得十分完美，然而，细节完美的结果却使整个工作变得一塌糊涂。

在一档经理人高端对话的节目中，在对于重视细节还是重视决策的辩论中，最初双方各执己见。可慢慢地，他们达成了共识：那就是其实两个方面都很重要，只是看面对什么样的情况。很多时候，企业管理者不要太拘泥于对细节的追捧，而要注意应该首先专注于做正确的事情。千万不要为了细节而注重细节。

细节就是通往卓越的一个个台阶

所有企业的目标都是做大做强，追求卓越。这目标看起来很大，很遥不可及，其实落到实处就是一件事——苛求细节，做好每一件小事。

卓越并非高不可攀、遥不可及，只要我们认真做，尽职尽责地做好工作中的每一件小事，并把它做精做细，都可以到达卓越的顶峰。

乔布斯就是一个非常重视细节的人，不管多大的事情，他都喜欢选择一个微小的细节作为切入点。

在带领团队研发麦金塔电脑时，有一次，乔布斯走进了麦金塔电脑操作系统工程师拉里·凯尼恩的办公室，抱怨开机启动时间太长。凯尼恩开始解释，但乔布斯没给他机会，直接打断了他。乔布斯问："如果能救人一命的话，你愿意想办法让启动时间缩短 10 秒钟吗？"凯尼恩说："愿意。"于是，乔布斯走到一块白板前开始演示，如果有 500 万人使用 Mac，而每天开机都要多用 10 秒钟，加起来每年都要浪费大约 3 亿分钟，而 3 亿分钟相当于至少 100 个人的终身寿命。凯尼恩听完乔布斯的演示后当时就震惊了。几周过后，乔布斯再来看的时候，麦金塔电脑的启动时间缩短了 28 秒。

乔布斯的事例还给人这样一种启发：一个人尽职尽责、追求完美，才会发掘出自身的潜力，取得优异的业绩。而对待工作得过且过的人，纵然才华横溢，也会逐渐流于平庸。所以，任何人都需要在工作中激发出自身的潜力，以完美的状态投入到工作中去，这样就会成为公司里的佼佼者。

在古罗马，雕刻是一种很普遍的职业，如果一个人的家里或工作场所没有雕刻的艺术品来装饰，就会被认为很落伍。有一位雕刻师被当地的人们称为"雕刻圣人"，人们都以收藏有他的雕刻作品而感到骄傲。

有一次，一位学者想要探求这位雕刻师具有如此精湛技艺的秘诀。"雕刻圣人"带他来到了一间堆满了雕刻半成品的仓库，学者感到不解，雕刻师告诉他："并非我所有的作品都是鬼斧神工之作，人们认为我的雕刻技艺精湛的原因只不过是我会负责让那些劣质的作品永远不要从仓库跑到商店。"

世间根本没有什么"圣人"，比尔·盖茨、乔布斯、李嘉诚、马云这些"圣人"的产生均是因为一颗追求精益求精之心。企业管理者要想取得成就，凡事都要高标准、严要求，尽心尽力、精益求精。只有这样，才能取得别人难以获得的成功。

第 25 章 "办法"总比"困难"多

只要精神不滑坡，方法总比困难多

人最大的敌人并不是对手，而是我们自己。因此，我们只有将自己的精神历练得更加坚韧，对困难不再恐惧，才能更快地踏上成功之路。

1883 年，工程师约翰·罗布林雄心勃勃地意欲着手建造一座横跨曼哈顿和布鲁克林的大桥。然而，大多数桥梁专家们认为这个计划纯属天方夜谭，劝他趁早放弃。罗布林的儿子华盛顿·罗布林——一个很有前途的工程师，也坚信这座大桥可以建成，父子俩克服了种种困难，在构思着建桥方案的同时，也说服了银行家们投资该项目。

然而大桥开工仅几个月，施工现场就发生了灾难性的事故。父亲约翰·罗布林在事故中不幸身亡，华盛顿的大脑也严重受伤。许多人都以为这项工程会因此而中止，因为只有罗布林父子才知道如何把这座大桥建成。

尽管华盛顿·罗布林丧失了活动和说话的能力，但他的思维还同以往一样敏捷，他决心要把父子俩花费了很多心血的大桥建成。一天，他脑中忽然一闪，想出一种用他唯一能动的一个手指和别人交流的方式。他用那根手指敲击妻子的手臂，通过这种密码方式由妻子把他的设计意图转达给仍在建桥的工程师们。整整 13 年，华盛顿就这样用一根手指指挥着工程，直到雄伟壮观的布鲁克林大桥最终落成。

这是一个令人难以置信的奇迹，华盛顿·罗布林在经历了巨大的灾难之后，仍然坚持用一根手指指挥工程，直至大桥最终落成。相比之下，我们工作中遇到的困难算什么呢？杰出的职场人士总是积极向上，他们坚信：无论如何，方法总比困难多。

有一家公司，马上就要过年了，公司董事长却在为员工的奖金发愁，万一发不了会影响到员工的士气。

年终奖按照往年的惯例要加发两个月，可今年的盈余大幅滑落，这样的标准是达不到了。这时，总经理想出了一个办法，董事长一听眉头顿时舒展了。

没过两天，公司突然传来小道消息："由于营业不佳，年底要裁员。"

顿时人心惶惶。每个人都在猜会不会是自己。最基层的员工想："一定由下面杀起。"上面的主管则想："我的薪水最高，只怕从我开刀！"

但是，跟着总经理就宣布："公司虽然艰苦，但大家同在一条船上，再怎么危险也不愿牺牲共患难的同事，只是年终奖金，绝不可能发了。"听说不裁员，人人都放下心头上的一块大石头，那不致卷铺盖的窃喜，早压过了没有年终奖金的失落。

眼看除夕将至，人人都做了过个穷年的打算，彼此约好拜年不送礼，以共渡难关。突然，董事长召集各单位主管紧急会议。看主管们匆匆上楼，员工们面面相觑，心里都有点儿七上八下："难道又变了卦？"

没几分钟，主管们纷纷冲进自己的部门，兴奋地高喊着："有了！有了！还是有年终奖金，整整一个月，马上发下来，让大家过个好年！"

整个公司大楼，爆发出一片欢呼，连坐在顶楼的董事长，都感觉到了地板的震动……

寻找解决问题的方法虽然很不容易，但方法总是有的，只要我们运用自己的智慧努力地进行思考，难题终究会得到解决。

高层管理者作为公司的大脑，担负着引领公司走向辉煌的重任，在工作中如果遇到了难题，就应该坚持这样的原则：努力找方法，绝不轻易放弃。

不是没办法，而是没努力去想

当你向下属下达任务时，是否会听到"实在是没办法"、"一点儿办法也没有"这样的话？你是不是会觉得很失望？这样的下属你还想继续用吗？

当你的老板给你下达某个任务，或者你的同事、顾客向你提出某个要求时，你是否也会这样回答？

一句"没办法"，我们似乎为自己找到了充分的理由。可是，是真的没办法，还是我们根本就没有好好动脑筋想办法？

一家位于北京商业闹市区、开业近两年的美容店，吸引了附近一大批稳定的客户，每天店内生意不断，利润可观。

由于经营场所狭小，该店老板很想增开一家分店，可手头资金还不够另开一间分店。店老板苦思冥想，如何筹措到开分店的启动资金呢？突然想起来，平时不是有不少熟客都要求美容店打折、优惠吗？自己都是很爽快地打了九折。于是他灵机一动，推出 10 次卡和 20 次卡：一次性预收客户 10 次美容的钱，对购买 10 次卡的客户给予 8 折优惠；一次性预收客户 20 次的钱，给予 7 折优惠。

对于客户来讲，如果不购美容卡，一次美容要 40 元，如果购买 10 次卡（一次性支付 320 元，即 10 次×40 元/次×0.8＝320 元），平均每次只要 32 元，10 次美容可以省下 80 元；如果购买 20 次卡（一次性支付 560 元，即 20 次×40 元/次×0.7＝560 元），平均每次美容只要 28 元，20 次美容可以省下 240 元。

通过这种优惠让利活动，吸引了许多新、老客户购买美容卡，结果两个月内就解决了开办分店的资金缺口，同时也稳定了一批固定的客源。用这种办法，店老板先后开办了 5 家美容分店。

不难看出，很多时候只要我们用一种大的视野、一种综观全局的胸怀来看待问题，用一种灵活多变的思考方式、一种随机应变的智慧去分析判断问题，就不会找不到解决问题的新办法。

做任何事情都是这样，既需要勤奋刻苦，也要努力开动脑筋想办法。傻瓜喜欢速决：他们不顾障碍，行事鲁莽，干什么事都急匆匆的；有时候尽管判断正确，却又因为疏忽或办事缺乏效率而出差错；在遇到难题的时候，不是积极主动地寻找方法，而是默默地待在那里等待时间去解决。

但是智者不会这样，他们一生都在想方设法开动脑筋，积极寻找新的方法，为人类解决了很多被认为是根本解决不了的问题。在现代社会，每个人都在想尽一切办法来解决生活中的一切问题，而且，最终的强者也将是善于寻找新方法的那部分人。

稻盛和夫被日本经济界誉为"经营之神"。他所创办的京都陶瓷公司是日本最著名的高科技公司之一。该公司刚创办不久，就接到著名的松下电子的显像管零件 U 形绝缘体的订单。这笔订单对于京都陶瓷公司的意义非同一般。

但是，与松下做生意绝非易事，商界对松下电子公司的评价是："松下电子会把你尾巴上的毛拔光。"

对于新创办的京都陶瓷公司，松下电子虽然看中其产品质量好而给了他们供货的机会，但在价钱上却一点儿都不含糊，且年年都要求降价。

对此，京都陶瓷有一些人很灰心，因为他们认为：我们已经尽力了，再也没有潜力可挖了。再这样做下去的话，根本无利可图，不如干脆放弃算了。但是，稻盛和夫认为：松下出的难题确实很难解决，但是，屈服于困难，也许是给自己未足够的挖潜找借口，只有积极主动地想办法，才能最终找到解决之道。

于是，经过再三摸索，公司创立了一种名叫"变形虫经营"的管理方式。其具体做法是将公司分为一个个的"变形虫"小组，作为最基层的独立核算单位，将降低成本的责任落实到每一个人。即使是一个负责打包的员工，也都知道用于打包的绳子原价是多少，明白浪费一根绳会造成多大的损失。这样一来，公司的营运成本大大降低，即便是在满足松下电子苛刻的条件下，利润也甚为可观。

最终的胜利属于善于寻找方法的人。然而在职场中，当我们身陷困境，有些员工总是抱怨不休，因此他们身处劣势不能让问题有丝毫改变。只是一味地去抱怨自身的处境，对于改善处境没有丝毫益处，只有先静下心来分析自己，并下定决心去改变它，它才能向你所希望的方向发展。

在西方流传着一句十分有名的谚语，叫作："Use you rhead."意思就是用你的脑袋思考对待所有的问题。有的时候，我们可能无法改变生存的外在环境，但是我们可以转换一下自己的思维，适时改变一下思路，只要我们放弃了盲目的执着，选择了理智的改变，就有可能开辟出一条别样的成功之路。

事实上，成大事者和平庸之人的本质区别就是能否理性地去对待困难，是否勇于去解决困难，是否能主动寻找问题的新方法。因此，成功的人并非没有遭遇过困难，但他们绝不会讲"没有办法"，在困难面前不屈服，然后才能够积极寻找好方法。

第 26 章　平平淡淡不是真

永远都不要想 "维持现状"

我们经常听到这样的论调：用人，用不着那些太有"想法"的人，本本分分就好；制度，用不着经常"创新"，"维持现状"就好，"平平淡淡才是真"嘛！

过日子可以平平淡淡，但对企业来说，任何一种形式的"因循守旧"和"抱残守缺"都是致命的，平平淡淡根本不是真。

在这个科技高速发展的时代，世界变化之快可以用"日新月异"来形容。真的完全"没想法"，不用"动脑子"，只要"乖乖服从命令"就能干好的工作越来越少。就算有"想法"，也不能眼高手低、光说不练。多好的"想法"都需要靠踏踏实实的行动来落实。

一个企业的制度确实用不着天天创新。一个经过实践检验并被证明了是好的东西必须要有一定的保鲜期，天天变会令员工不知所措，失去方向。但是，即使是一个被实践检验过并被证明是正确的东西，随着时间、地点、人物、环境的变化，也会"时过境迁"，过了保质期。这个时候就一定要毫不犹豫地大胆创新，否则往往是死路一条。但很多企业制度明明已经过了保质期，却还会固执地"抱残守缺"，用"稳定压倒一切"、"维持现状就是进步"作为借口，拒绝变革与创新。

在现实生活中，真正能够维持得住"现状"的企业少之又少。鲁迅曾说过"沉默啊，沉默啊，不在沉默中爆发，就在沉默中灭亡"。企业如果不经常找点"刺激",拒绝变革,就只能在沉默中灭亡。

挪威人爱吃沙丁鱼,不少渔民都以捕捞沙丁鱼为生。由于沙丁鱼只有活的才鲜嫩可口,所以渔民出海捕捞到的沙丁鱼,如果抵港时还活着,卖价要比死鱼高出好多倍。但是沙丁鱼总是还没到达岸边就已经口吐白沫,渔民们想了无数的办法,想让沙丁鱼活着上岸,但都失败了。然而,有一条渔船总能带着活鱼上岸,他们带来的活鱼自然比死鱼的价格贵好几倍。

原来,他们在沙丁鱼槽里放进了鲇鱼,鲇鱼是沙丁鱼的天敌,当鱼槽里同时放有沙丁鱼和鲇鱼时,鲇鱼出于天性会不断地追逐沙丁鱼。在鲇鱼的追逐下,沙丁鱼拼命游动,激发了其内部的活力,从而活了下来。

这就是"鲇鱼效应"的由来,"鲇鱼效应"的道理非常简单,无非就是人们通过引入外界的竞争者来激活内部的活力。如果一个组织内部缺乏活力,效率低下,那么不妨引入一些鲇鱼来,让它搅乱平静的水面,让"沙丁鱼"们都动起来。"鲇鱼效应"在组织人力资源管理上的有效运用,会带来出乎意料的效果。

本田汽车公司的总裁本田宗一郎就曾面临这样一个问题:公司里东游西荡的员工太多,人浮于事,严重拖企业的后腿。可是全把他们开除也不妥当,一方面会受到工会方面的压力,另一方面企业也会蒙受损失,这让他大伤脑筋。他的得力助手、副总裁宫泽就给他讲了沙丁鱼的故事。

本田听完了宫泽的故事,豁然开朗,连声称赞:这是个好办法。宫泽最后补充说:"其实人也一样。一个公司如果人员长期固定不变,就会缺乏新鲜感和活力,容易养成惰性,缺乏竞争力,只有外有压力,内有竞争气氛,员工才会有紧迫感,才能激发进取心,企业才有活力。"本田深表赞同,他决定去找一些外来的"鲇鱼"加入公司的员工队伍,以制造一种紧张气氛,发挥出"鲇鱼效应"。

说到做到，本田马上着手进行人事方面的改革。特别是销售部经理的观念离公司的精神相距太远，而且他的守旧思想已经严重影响了他的下属，因此，必须找一条"鲇鱼"来，尽早打破销售部只会维持现状的沉闷气氛，否则公司的发展将会受到严重影响。

经过周密的计划和努力，终于把松和公司的销售部副经理，年仅35岁的武太郎挖了过来。武太郎接任本田公司销售部经理后，首先制定了本田公司的营销法则，对原有市场进行分类研究，制定了开拓新市场的详细计划和明确的奖惩办法，并把销售部的组织结构进行了调整，使其符合现代市场的要求。

武太郎上任一段时间后，凭着自己丰富的市场营销经验和过人的学识，以及惊人的毅力和工作热情受到了销售部全体员工的好评，员工的工作热情被极大地调动起来，活力大为增强。公司的销售出现了转机，月销售额直线上升，公司在欧美及亚洲市场的知名度不断提高。

本田深为自己有效地利用"鲇鱼效应"而得意。从此，本田公司每年都重点从外部"中途聘用"一些精干利索、思维敏捷的30岁左右的生力军，有时甚至聘请常务董事一级的"大鲇鱼"，这样一来，公司上下的"沙丁鱼"都有了触电式的感觉。

当压力存在时，为了更好地生存发展下去，承受压力的人必然会比其他人更用功，而越用功，跑得就越快。适当的竞争犹如催化剂，可以最大限度地激发人们体内的潜力。

一个单位或部门，如果人员长期固定，彼此太熟悉就容易产生惰性，削弱组织的活力。这时，如果能从外部招聘个别"鲇鱼"，他们就能以崭新的面貌对原有部门产生强烈的冲击。同时，他们可以很好地刺激其他员工的竞争意识，克服员工安于现状、不思进取的惰性。

因此，要想调动现有员工的积极性，提高企业的管理和技术水平，最好的办法就是招聘好动的"鲇鱼"。

开拓属于自己的蓝海

在这个要求创新的时代，要想避免陷入墨守成规的陷阱，企业就必须时刻强调创新。不能创新的公司是注定要衰落和灭亡的。一个不知道如何对创新进行管理的管理者是无能的。日本汽车称霸全球和克莱斯勒在箱式旅行车上的崛起就充分说明了创新对于提升企业竞争能力的重要性。

19 世纪 70 年代初期，中东战争爆发，全球爆发金融危机。这为一直对美国市场伺机而动的日本汽车公司创造了机会。尽管经历了连续快速增长的日本汽车工业也受到了这次石油危机的影响，从而使得汽车销量出现负增长，但在那一年，日本汽车率先掉头，他们减少了对耗油量大的大型汽车的投入，转而全力发展节能小型车。

小型车开辟了新的市场蓝海，因为其特别省油，受到了深受石油危机困扰的欧美民众的热烈欢迎。1976 年日本汽车出口达到 250 万辆之多，首次超过国内销量。以福特、通用和克莱斯勒为首的美国汽车工业这时才如梦方醒，开始重金投入开发省油的小车型。

其实在日本汽车大举进入之前，美国汽车三巨头并不是没有发现小型车的市场需求，但为了不在原有的竞争格局中率先发生变化，他们三家中的任何一家都没有对这种车型足够重视。日本人抢占了先机，节能小型车的蓝海是他们发现和开创的，所以他们毫无争议地成为这个领域的第一名。因为错失这片蓝海，美国三巨头损失惨重，三个巨头中实力较弱的克莱斯勒公司险些因此而破产。

痛定思痛的克莱斯勒开始寻找属于自己的蓝海，他们把眼光停留在箱型车上。传统箱型车的空间不够大，不能满足消费者旅行的需要，但小货车又不够轻便。1983 年，克莱斯勒公司开发出介于传统箱型车和小货车之间的厢式旅行车系列，从而开辟了旅行车这一细分市场，成为了旅行车中的领先者。

后来，很多公司介入箱型车的研发，沃尔沃曾推出过740涡轮增压型5门旅行车，这是当时速度最快的旅行车之一，0～100公里/小时加速时间仅需8.5秒，功率输出高达200马力。从1990年之后，汽车行业的竞争已经成为全球化的竞争，竞争越来越充分，市场不断地进行细分，新的空间越来越少，但规律没有变化：谁的创新能力越强，谁就能成为第一名。

市场就是无边的疆域，企业管理者要想成为这个疆域中某一领地的王者，就要使自己成为这个领地的开拓者和规则的制定者。

第 27 章　让你的员工"激情燃烧"

要"提气"得先"泄气"

美国芝加哥郊外的霍桑工厂，是一个制造电话交换机的工厂。这个工厂建有较完善的娱乐设施、医疗制度和养老金制度，但员工们仍愤愤不平，生产状况也很不理想。为探求原因，1924 年 11 月，美国国家研究委员会组织了一个由心理学家等各方面专家参与的研究小组，在该工厂开展了一系列的试验研究。

这一系列试验研究的中心课题是生产效率与工作物质条件之间的关系。这一系列试验研究中有一个"谈话试验"，即用两年多的时间专家们找工人个别谈话两万余人次，并规定在谈话过程中要耐心倾听工人们对厂方的各种意见和不满，并做详细记录，对工人的不满意见不准反驳和训斥。

这一"谈话试验"收到了意想不到的效果：霍桑工厂的产量大幅度提高。这是由于工人长期以来对工厂的各种管理制度和方法有诸多不满，无处发泄，"谈话试验"使他们的这些不满都发泄出来，从而感到心情舒畅，干劲倍增。社会心理学家将这种奇妙的现象称为"霍桑效应"。

霍桑试验的初衷是试图通过改善工作条件与环境等外在因素，从而提高劳动生产效率。但是，通过试验人们发现，影响生产效率的根本因素不是外因，而是内因，即工人自身。因此，要想提高生产效率，就要在激发员工积极性上下工夫，要让员工把心中的不满一吐为快。

霍桑工厂的"谈话试验"之所以会提高工作效率，主要原因就是它正好切合了人内心的某些潜在的心理特点：

1. 渴望被重视是一种普遍存在的心理需求

在霍桑工厂，工人感到自己在做试验的这一刻是特殊人物，引起了厂方的极大重视，因而感到愉快。工人们产生愉快心理后，周遭的一切都变成了他们喜欢的东西，生产条件也变得次要了。他们会尽自己最大努力按照老板希望的那样去做，尽管他们想的与老板想的并不相同，但他们知道提高劳动效率是人们共同关注的目标。

2. 人不能被动工作，必须激发他们的积极性

通过试验我们可以看出，影响生产效率的重要因素不仅仅是金钱，而是工作中工人们自动自发的责任感。要培养工人高度的责任感，必须向工人提出高标准的劳动要求。实践表明，低标准只会抑制工人的劳动积极性。而高标准也并不是标准越高越好，而是合情合理，经过一定的努力可以达到的。这样，工人为回报厂方对自己能力的信任，就会尽力完成制订的目标。

3. 工人的满意度，在决定生产效率的诸多因素中居于首位

工作效益与制度的人性化和员工的良性情绪有关系。员工心情舒畅，干劲才会倍增。如果管理者只是根据效率要求来刻板管理，而忽略工人的心理感受，必然会造成双方情绪的不快，影响生产率的提高和目标的实现。所以，提高工人的满意度是企业管理中最重要的一项内容。

当管理者们深切地领悟了"霍桑效应"的妙处之后，就立即不失时机地应用到自己的管理中。比如，设立"牢骚室"让人们在宣泄完抱怨和意见后全身心地投入到工作中，从而使工作效率大大提高。日本的一些企业做得更绝，他们在企业中设立"特种员工室"。在"特种员工室"里陈设有经理、车间主管、班组长的人偶像及木棒数根，工人对某管理人员不满，可以用木棒打自己所憎恨的人偶像，以泄愤懑。

近年来，法国还出现了一个新兴行业——运动消气中心，仅巴黎就有上百个。出此创意的人大都是运动心理专业的，他们认为运动可以解决人们的心理问题，尤其是心情积郁等诸多问题。每个运动中心都聘请专业人士做教练，指导人们如何通过喊叫、扭毛巾、打枕头、捶沙发等行为进行发泄。也有的通过心理治疗，先找出"气源"，再用语言开导，并让"受训者"做大运动量的"消气操"。这种"消气操"也是专门为这项运动设计的。

无独有偶，近几年来在美国也诞生了各种专供人在受了委屈后发泄的"泄气中心"。在这里，有的医生采用发泄疗法对病人施治，具体形式为：召集病人围坐在一起，让大家毫无顾忌地发怨气、倒苦水。

"泄气"都已经成为商机，并且受到广泛重视。作为领导要想让员工"提气"，一定要先给员工"泄气"，否则只能是出力不讨好。

用新理念来激励员工

对管理者来说，运用企业理念传达组织的价值观，动员并鼓励全体员工为实现组织的目标而努力是一项重要的任务。

3M 公司创始人麦克奈特不希望公司的演进和扩张只靠自己一个人，他希望创造一个能够从内部继续自我突变、由员工发挥个人主动精神来推动公司继续前进的组织。

从下面这些 3M 人经常挂在嘴边的话语中，可以看出麦克奈特的做法：

"要听听有创意的人的话，不管开始时这些话有多荒谬。"

"要鼓励，不要挑剔。让大家发挥想象。"

"雇用能干的人，放手让他们去做。"

"如果你在众人四周筑起围墙，你得到的是绵羊。给大家所需要的空间。"

"鼓励实验自由。"

"试一试，而且要快！"

麦克奈特直觉地了解到，鼓励个人主动精神会产生进化式进步的原料——没有方向性的变化，他也明白这种变化后来并不是都有用的。

"（给大家自由，并且鼓励大家自主行动）一定会造成错误，但是……从长期来看，如果经营层独裁，告诉手下人应该怎么做事，大家犯的错误一定不会比经营层犯的错误严重。但是，经营层犯错误，会造成毁灭性的影响，会扼杀主动精神。如果我们想继续成长，一定要有许多具有主动精神的人。"

企业管理者要让新的理念来激励人心，为了达到这个目的，必须遵循以下指导原则：

（1）大家共同参与制定企业理念，但不要在这个方面花费太长时间。

有些CEO单独一人制定企业使命和理念表述，然后把它们强加于机构。这样做只能取得别人表面的赞同。还一种与此截然相反的情形是：一些领导让太多的人参与表达意见，结果造成企业理念的变革无法获得通过，或者变革的作用被减弱，以致人们无法把它们用做改革手段。

（2）确保你的理念确实反映了公司的长远目标。

在许多组织中制定成文的使命和远景规划只是描述了几年后人们希望达到的状况，而不能反映他们长远的需要。

（3）企业理念应该激励人心。

如果员工对完成使命不感兴趣，认为公司价值观念毫无意义，公司远景规划毫无吸引力，公司的理念就无法发挥应有的作用。在花费时间和财力推行企业理念之前，应先调查了解员工的意见。

（4）注重价值观和变革的关键驱动因素。

平衡点在哪里？哪些行为和惯例发生变化会引起企业文化

朝理想方向转变？如果把所有希望员工具备的行为和品质都列入企业理念，员工们就无法区别哪些行为或品质更重要。这样做很可能会失去重点。

（5）在企业理念中采用和能力管理运用相同的概念和术语。

使用统一的概念和术语，将有助于员工理解并接受理念与能力概念，更便于他们将两者应用于实际工作中。

（6）确保使用简单易懂的语言。

人们应当很容易理解企业理念，并能很快掌握其概念。

（7）确保企业理念的各要素能明白无误地转换成行为。

员工应当了解他们的所作所为是否符合企业使命和价值观，并能设想符合企业理念的种种行为实例。如果理念与他们的日常经验相差太大，他们无法加以应用，那么理念就没有多少实际作用。

（8）反复传递信息。

电视和电台广告之所以能起作用，不在于信息本身绝妙无比，而在于重复。人们去商店买咖啡时，首先想到的就是已经深深印入他们脑海的品牌。在不同情形和场合重复企业理念也会收到同样的效果。你可以把它作为布告贴在墙上，在演讲中提及，把它发表在公司业务通讯上，公布奖状，散发赞同性文章，与员工共享成功经验。传递的信息越多，它越深入人心。

第28章　员工都满意了，顾客会不满意吗

顾客满意重要还是员工满意重要

虽然服务质量还有待提高，但"顾客是上帝"这句话在国内可以说是家喻户晓，很多企业家都会将它经常挂在嘴边。如果问一个企业的管理者"顾客满意度"与"员工满意度"哪一个更重要？相信99％的人都会不假思索地给出答案：当然是"顾客满意度"重要，顾客是"衣食父母"嘛！

让顾客满意确实很重要，这是对宏观意义上的所有企业而言。对每个企业的领导来说，其实"员工满意度"比"顾客满意度"更重要。因为只有员工先满意了，顾客才能满意。

这个道理不难理解，每天和客户们直接面对面，直接打交道的是员工。无论老板怎么敬业，也不可能照顾到每个客户，而且这也不是老板该干的活。归根结底，企业还是要依靠员工来与客户接触，并从客户那儿"挣钱"。

所以，如果企业想增加收益，与其整天"琢磨"客户，不如多花点儿时间好好"琢磨"一下你的员工。

就目前的现实情况是，老板们嘴上把"重视人才""人才战略"之类的"口号"叫得山响，实际上心里根本没把员工当回事，更别提什么"员工满意度"了。在很多老板看来，"员工满意度"这件事是最不用"操心"的，你爱干就干，不干拉倒，只要我这儿有空缺，不愁没人来。现在找工作不易，确实没什么人敢认真和老板叫板，只能默默地忍了算了。

但是，老板们好像都忘了一件事，明面上好像是老板把员

工彻底"拿"住了，可是老板们的"财神爷"——客户还在员工手里"拿"着呢。员工想要报复老板很简单，想办法把客户都赶跑就是了，在这场博弈中，老板才是真正的弱势群体。

受到老板"虐待"的员工，必然会"虐待"客户。而且这些都会发生在老板看不见的地方，因此老板只有坐以待毙的份了。有些老板可能会非常疑惑："我真不理解这些员工到底是怎么想的。多一些业绩他们自己也能多挣钱啊！难道他们和钱有仇不成？"

确实，这个世界上和钱有仇的人还真不多。但是有一个前提，那就是员工的心中没有不满。如果员工的心中充满了对老板和企业的怨恨，这些怨恨就会逐渐演变成愤怒，当这种愤怒按捺不住、终于爆发出来的时候，他们就真的跟钱"有仇"。因为多一些业绩员工才能多挣几十块钱，而老板会多出几万块钱的收入。用自己的几十块换老板的几万，太值了！

现在国内普遍的情况是：小摊小贩们对待客人非常热情，甚至热情的让人受不了；而在一些高档的大型购物商场里，在这些本应该让顾客享受到"世界级专业服务"的地方，我们常常会看到所有服务人员都摆着一副僵硬的"扑克脸"。他们大都面无表情，对身边穿梭而过的顾客视而不见，即使顾客询问商品信息也只是随便敷衍，令顾客扫兴不已。

小贩们赚多少钱都是自己的，商场的服务员虽然有提成可拿，但如果提成过少或遭到老板"虐待"就很难提起工作热情。大商场客流量大，东西也都标价很高，老板剥削"虐待"员工可能会省出一些成本，但与因此而损失的销售额相比，实在是九牛一毛。

很多老板都算不明白这笔账，总以为自己是老板就很"牛"，手里掌握着员工的"生杀大权"，让员工干吗他们就得干吗。其实，只要商品和客户掌握在员工的手里，老板就是弱势群体，得想尽办法哄员工满意。

先把"顾客满意度"放一放,认真搞好"员工满意度"吧,只要员工都满意了,顾客会不满意吗?

不能让员工太满意

世间所有事都是一样,物极必反,过犹不及。对于企业来说,"员工满意度"确实比"顾客满意度"更重要,但也不能让员工太满意了,70 分左右是最理想的。

从心理学的角度来说,对现状过于满意的状态绝对是消极的,俗话说"骄兵必败",当一个人对现状过于满意的时候,就必然会出现松懈,逐渐失去进取心,有些心术不正的人甚至还会滋生邪念。所以,一个人如果过得太舒服了,就会逐渐丧失"冲劲儿"和"闯劲儿"。这一点在企业的"员工满意度"指标上面同样适用,员工太满意了,对企业来讲绝对不是什么好事。一般来说,"员工满意度"在 70 分左右应该是最理想的。否则,得分太高就会豢养"骄兵",太低则会触发"反叛",都具有极大的危险性。

有一位企业领导曾跟下属开过这样一个玩笑:"如果哪天你们大老远看见我转身就跑,就说明员工满意度过低,我得对你们好点儿了;反之,如果哪一天你们看见我就恨不得扑过来亲我一口,则说明我们的员工满意度太高,得给你们添点儿堵了。"

这不仅仅是个玩笑,也不是危言耸听,有很多领导都吃过"员工满意度"过高的亏。

有一家公司对环境卫生的要求极为严格,但又不可能给公司的几位保洁大姐过高的工资。为了缓和她们对工作的不满,公司领导平时处处注意善待这几位大姐。尽量多给她们发放一些加班费,其他部门发奖金时也不忘分一份给这几位大姐,并且是由领导亲自交到她们手上。这招一开始非常见效,她们工作起来非常卖力，也达到了公司要求的最低标准。但是时间一长，问题就出来了。尽管公司待她们不薄，给她们的待遇在同行业里也是数一数二的，但她们不但没有丝毫的感恩之心，相反却对现状越来越不满，频繁地找领导提出待遇方面的要求，而且胆子越来越大，态度越来越嚣张。公司领导意识到了问题的严重性，对她们严肃地表明了立场，警告她们"如有不满，可以随时走人"，这些保洁大姐才消停了下来。

从这个案例能总结出两个道理，值得所有企业领导重视：

（1）善待不是软弱和纵容。管理者该表明立场的时候，一定要严肃表明立场，绝不留半点儿情面。只有这样，管理者平时对员工的善待才会真正得到他们的重视与珍惜。否则，蹬鼻子上脸、得寸进尺的人永远不在少数。

（2）如果想"从严治军"，就一定要先做到"爱兵如子"。说得简单点儿，如果管理者想对员工"严"起来，就一定要先"善待"他们，黑脸和红脸都唱才会奏效。因为你是"善待"在前，仁至义尽之后才开始从严的，所以，被你"严待"的人会觉得自己理亏在先，不会有什么怨言，能够坦然接受。反之，如果你没有之前的"仁至义尽"而是一味地"虐待"员工的话，就会导致员工猛烈的反抗。

人都有这样一个毛病，得了便宜又卖乖，本来已经得到了好处却仍不满足，还想得到更多。但是，毕竟已经得到了一定好处，真想放弃这"既得利益"也得好好掂量掂量。比如说，有些员工明明收入不低却偏偏天天跑到领导那里要求提高待遇，并威胁如果满足不了他，他就要辞职走人。这时，如果领导能确认他们确实存在着舍不得放手的"既得利益"就不必受他们威胁，只需对他们表明立场"如有不满，可以随时走人"，十有八九他们会"偃旗息鼓"，从此安心工作。真正敢"拍屁股走人"的人绝对是极少数，辞职只是他们说出来吓唬人的。真让他们这么轻易地放弃已经到手的东西，他们也没那么傻。

当然，管理者敢于这么做要有一个大前提，那就是要先确定这些员工是否真的"得了便宜"，有没有不舍得放手的"既得利益"。如果没有，这一招就不会灵，因此一定要慎重。

管理者想要在与员工的博弈中立于不败之地，就要做到两点：

第一，尽量做到"善待"在前，"严待"在后，把自己划到"占理"的一边。

第二，对员工"善待"与"严待"的比例最好控制在六四开或七三开，不要低于五五开。

第 29 章　解除员工的"心理武装"

打完巴掌，甜枣要跟上

用人是一门艺术，随着时代和人们思想的进步，方法千变万化，但无论怎么变，有两个基本点一直没变，那就是奖与罚。

管理者要赢得下属追随，使他们心悦诚服，一定要懂得恩威并施的用人艺术。日本有位企业家归纳自己的用人经验时说："打一巴掌给个甜枣吃。"意思是高明的管理者既要善于对下属施威，对之施以批评或者责罚，使他惊醒于自己的错误，又要懂得在恰当的时候给他一点儿甜头，使他愧疚的心平息下来，引导他朝正确的方向走。

我们可以把领导的发威喻为"火攻"，把领导的施恩视为"水疗"，水火并进，双管齐下，这样才能更好地驾驭下属，发挥他们的才能。

所谓恩，主要是指亲切的话语及优厚的待遇，尤其是话语。要记得下属的姓名，每天早上打招呼时，如果亲切地呼唤出下属的名字再加上一个微笑，这名下属当天的工作效率一定会大大提高，他会感到管理者是记得我的，我得好好干！

有许多身居高位的人物，能够记得只见过一两次面的下属的名字，在电梯里或门口遇见时，点头微笑之余，叫出下属的名字，令下属受宠若惊。

另外，管理者对待下属，还要关心他们的生活，聆听他们的忧虑，他们的起居饮食都要考虑周全。

所谓威，就是必须有命令与批评。一定要令行禁止，不能始终客客气气，为了维护自己平和谦虚的印象，而不好意思直斥其非。必须拿出做上司的威严来，让下属知道你的判断是正确的，必须不折不扣地执行。

上司的威严还在于对下属布置工作，交代任务。一方面要敢于放手让下属去做，不要自己包打天下；另一方面在交代任务时，要明确要求，什么时间完成，达到什么标准。布置了以后，还必须检查下属完成的情况。

可见，领导的"火攻"发威是强硬的一手，镇住了局面；再通过"水疗"把恩泽缓缓传递下来，浸润到各个下属心中。恩威并举，令下属不得不佩服你的手段。

当然，管理者在具体的管理中应当注意把握适当的"度"。善于发威的领导深知"威"虽对众人而发，但这对个别人而言，又有不同的做法。下属中确有出色的人才，这种"千里马"是不能重鞭的，对于好胜心特别强的人，对于极有反抗精神又能力非凡的人，就不能再用威风来压制他们了。

另外，有些下属是用高压无法使之屈服的，这时就要演示给他看：我对普通人是发威的，但对你不同，因为你特别出色。好胜心特别强的人也极敏感，一旦体会到这种信息，他们就以"士为知己者死"的态度来回报你。这种情况其实领导也在发威，不过威施于无形之中。

有威慑力的领导一般决断力强，办事爽快果断，常常是一字千金，凭这就使人折服。部下也会因为佩服你而不自觉地向你靠拢，感染上你的风格。

"奖"也是有学问的

在企业管理中，奖励并不只是把钱塞给员工那么简单，该当着大家的面奖励的暗地里奖励，有可能会引起员工间的互相猜忌；该暗地里奖励的当着大家的面奖励，有时候会让受奖的员工比较难做；该大奖的小奖，根本起不到激励的作用；该小奖的大奖，反而会降低受奖者的工作动力。"奖"也是有学问的。

比较好的方法是大奖用明奖，小奖用暗奖。业务骨干做出一些令管理者引以为荣的事情，这时管理者应及时地给他们喝彩，调动业务骨干的积极性，让他们更加努力和干好每件工作。否则，业务骨干的努力得不到管理者的赞美、肯定，那么他们还会努力地为你工作吗？你还有什么成绩可谈？上司又会对你有什么样的看法呢？

美国有一家公司发展迅速、生意兴隆。这家公司办有一份深受业务骨干欢迎的刊物《喝彩·喝彩》。《喝彩·喝彩》每月都要通过提名和刊登照片对工作出色的员工进行表扬。

这个公司每年的庆功会更是新颖别致：受表彰的业务骨干于每年 8 月来到科罗拉多州的维尔，在热烈的气氛中，100 名受表彰的业务骨干坐着架空滑车来到山顶，领奖仪式在山顶举行，庆功会简直就是一次狂欢庆典。然后，在整个公司播放摄影师从头到尾摄下的庆功会全过程。工作出色的业务骨干是这次庆功会的中心人物，他们受到大家的喝彩，从而也激励和鼓舞公司全体员工奋发向上。

美国一家纺织厂激励业务骨干的方式也很独特。

这家工厂原来准备给女工买些价钱较贵的椅子放在工作台旁休息用。后来，老板想出了一个新花样：规定如果有人超过了每小时的生产定额，则在一个月里她将赢得椅子。奖励椅子的方式也很别致：工厂老板将椅子拿到办公室，请赢得椅子的女工进来坐在椅子上，然后，在大家的掌声中，老板将她推回车间。

美国的一些公司，就是这样以多种形式的表扬和丰富多彩的庆祝活动来激发业务骨干的积极性和创造精神。

这两家公司都能注重运用荣誉激励的方式，进一步激发业务骨干的工作热情、创造性和革新精神，从而大大提高了工作的绩效。

荣誉激励，这是根据人们希望得到社会或集体尊重的心理需要，给予那些为社会、为集体、为公司做出突出贡献的人一定的荣誉，并将这种荣誉以特定的形式固定下来。这既可以使荣誉获得者经常以这种荣誉鞭策自己，又可以为其他人树立学习的榜样和奋斗的目标。因而荣誉激励具有巨大的社会感召力和影响力，能使公司员工具有凝聚力、向心力。

凡是有作为的公司管理者无不善于运用这种手段激发其下属的工作热情和斗志，为实现特定的目标而做出自己的贡献。

业务骨干工作勤恳卖力，使公司业绩蒸蒸日上；业务骨干为你的事业做出了突出贡献，那么作为管理者，你千万不要吝惜自己的腰包，要不失时机地给他们以金钱奖励，大奖明奖，小奖暗奖，让他们感觉到自己的努力没有白费，多付出一滴汗水就会多一分收获。

奖励可分明奖及暗奖。国内公司大多实行明奖，大家评奖，当众评奖。

明奖的好处在于可树立榜样，激发大多数人的上进心。但它也有缺点，由于大家评奖，面子上过不去，于是最后轮流得奖，奖金也成了"大锅饭"了。

同时，由于当众发奖容易产生嫉妒，为了平息嫉妒，得奖者就要按惯例请客，有时不但没有多得，反而倒贴，最后使奖金失去了吸引力。

外国公司大多实行暗奖，管理者认为谁工作积极，就在工资袋里加钱或另给"红包"，然后发一张纸说明奖励的理由。

暗奖对其他人不会产生刺激，但可以对受奖人产生刺激。没有受奖的人也不会嫉妒，因为谁也不知道谁得了奖励，得了多少。

　　其实，有时候管理者在每个人的工资袋里都加了同样的钱，可是每个人都认为只有自己受了特殊的奖励，结果下个月大家都很努力，争取下个月的奖金。

　　鉴于明奖和暗奖各有优劣，所以不宜偏执一方，应两者兼用，各取所长。

　　比较好的方法是大奖用明奖，小奖用暗奖。例如年终奖金、发明建议奖等用明奖方式。因为这不易轮流得奖，而且发明建议有据可查，无法吃"大锅饭"。月奖、季奖等宜用暗奖，可以真真实实地发挥刺激作用。

第30章 员工"内心满足"，
忠诚"不请自来"

天地之性，人心为贵

自古至今，凶残的管理者都迷信武力和权势，须知民心不可用武力和权势来征服，任何人都不可使之改变。他们这样做最后只会失去民心和天下。有远见的管理者明白人心所向，天下才有望到手，所以很多时候都会使用"仁慈"的手段来征服人心。

攻心之道是历来统治者秘而不宣的治国之道，人心不是用武力可以征服得了的，只有让人心服口服才能算是永久的征服。

汉光武帝刘秀曾说："天地之性，人心为贵。"若要用好整个人，就必须彻底影响他的心。"心"是人的根本，若要争取天下，就必须争人；若要争人，着重点就是争心。

刘秀在征伐天下的过程中，就十分注重争心之术。建武三年（27年），刘秀亲率大军前往宜阳，截断了赤眉军的退路。赤眉军的小皇帝刘盆子惊惧万分，他对自己的哥哥刘恭说："我苦思无计，万望兄长能够来救我。"

刘恭颇有才智，他点头说："战之无益，眼下保命要紧。刘秀乃是你我刘氏的宗亲，请允许我恳求于他，放我等十万兵众一条生路。"刘盆子就此事和众将商议，有人便忧心地说："此议虽好，怕只怕刘秀不肯。"众将犹豫，刘盆子更是放声大哭，刘恭见状开口说："倘若事不如愿，我刘恭自然会和你们誓死抗敌。"

　　于是刘恭求见刘秀，说明归降之意后，刘恭又说："陛下能有今日的成就，可知是为什么吗？"刘秀一笑说："败军之将，有什么资格能评说朕？"

　　刘恭又道："赤眉军曾有百万之众，竟有今日之败，陛下也不想知道什么原因吗？"刘秀凛然正色："听说你多有见地，朕且容你叙说一二。如果你巧言惑人，朕定要严加治罪。"刘恭苦笑几声，后道："赤眉军残暴待民，百姓怨恨，终成不了大事。陛下仁爱谦和，善收民心，方有时下大功。陛下若能再施仁义，赦免我将士，一来可以增加陛下的美名，二来可以保陛下江山不失，变乱不生，不知陛下可曾作此设想？"刘秀脸上不动声色，心中却为刘恭之语深深打动，他故意反驳说："倘若只是一时权宜之计，朕岂不上了你们的大当？"

　　刘恭却不辩解，只说："莽贼不仁，方有天下之乱。他屡次使用武力和军队残害百姓，其报也速。在下话已言尽，全在陛下裁断。"刘秀和群臣议事之时，将刘恭所言复述一遍，他感叹说："天下还未大定，刘恭的话不可不听啊。我们剿灭赤眉军容易，可要恃此征服民心就大错特错了。百姓不服，天下就不会真正太平，这才是朕最担心的事。"

　　刘秀于是又召见刘恭，答应了他们的投降请求。刘秀又下令赐给他们食物，让长期饥饿不堪的十万赤眉军将士吃饱了肚子。刘秀还安抚刘盆子说："你们虽有大罪，却有三善：你们攻城占地，富贵之时，自己的原配妻子却没有舍弃改换，此一善也。立天子能用刘氏的宗室，此二善也。你们诸将不杀你邀功取宠，卖主求荣，此三善也。"

　　刘秀的手下深恐赤眉军再起叛乱，私下对刘秀说："陛下仁爱待人，只需安抚住赤眉军将士即可。刘盆子身为敌人头领，难保不生二心，此人不可不除啊。"刘秀对手下人说："行仁之义，全在心诚无欺，如此方有效力。朕待他不薄，他若再反，那是他自取灭亡；朕若背信枉杀，乃朕之失，自不同也。"刘秀对刘盆子赏赐丰厚，还让他做了赵王的郎中。人们在称颂刘秀的贤德时，天下的混乱局面也平息下来，日渐安定。

治天下的招数用在公司管理中同样适用。当今管理学上有个"换心效应"：上级给一尺，下级还一丈。作为管理者，如果你能先将你的"仁慈"之心交给下属，下属可能会以十倍的热情和诚心回报给你。

海尔集团作为中国电子信息百强企业之首，无疑是中国民族工业成功的典范，也是 20 世纪中国出现的奇迹之一。那么，海尔集团是凭借什么走向成功的呢？海尔成功的原因有很多，但最为关键的一点是长久以来海尔的管理者对于员工人心的争取和利用。

走进海尔，在为他们快速增长的市场和财务业绩赞叹的同时，我们更被他们在公司每一个角落和每一个员工身上的灿烂的微笑所感染。海尔并非像外界传闻的那样，除了严格的管理，没有一点儿人性化的关爱。"海尔人就是要造爱心，创造感动"，在海尔每时每刻都在产生感动。

在新员工军训时，人力中心的领导会把他们的水杯一个个盛满酸梅汤，让他们一休息就能喝到；集团的副总专门从外地赶回来，目的就是为了和新员工共度中秋；集团领导对员工的祝愿中有这么一条——希望你们早日走出单身宿舍。首席执行官张瑞敏也特意在百忙之中抽出半天的时间和 700 多名大学生共聚一堂，沟通交流。对于长期在"家"以外的地方漂泊流浪，对家的概念逐渐模糊的大学生来说，海尔所做的一切又帮他们找回了"家"的温暖。

1991 年底，冰箱一厂女工于桂香身患重病，公司领导十分关注她的病情，集团副总派人把她的 CT 检查片从医院借出，先后请数名专家教授会诊，经第二次检查，最后确诊为"肝脓肿"，使于桂香有了生的希望。更令人感动的是，在于桂香做手术时，公司的几位领导在病房外站了 6 个多小时，直到手术结束。

正是由于这种对"人心"的重视,海尔才建立起了一种"用爱心创造感动"的企业文化,这种企业文化充分调动了员工的积极性,维系了员工对企业的绝对忠诚。

在人才管理中,人心是一笔无形的财产,是一笔永远不可忽视的巨大财富。蒙牛集团董事长牛根生更是把经营人心放在企业文化的高度来实施,他认为:人是最大的生产力,经营企业就是"经营人心","抓眼球""抓耳朵",都不如"暖人心"。

未来的竞争,就是"人心"的竞争。一个企业若想取得长足的发展,在激烈的市场竞争中立于不败之地,首先就应该注重争取"人心",进行有效的"情感投资"。

员工的归属感

人们大多希望自己能组织家庭,有情感寄托,能享受天伦之乐;人们还希望自己归属于某个群体,有朋友,能社交;人们还希望自己有单位、有组织,一来可施展才华和抱负,满足成就感,二来可从组织获得支持和帮助,得到力量感、温暖感和归属感。一个人对某个组织的归属感越强,他就越热爱这个组织,工作中的积极性也就越高。

所谓归属感,是指由于物质和精神两方面的共同作用使某一个体对某一整体产生高度的信任和深深的眷恋,从而使该个体在潜意识里将自己融入到整体中去,将该整体利益作为自己行事的出发点和归结点。员工的归属感对企业的发展尤为重要,能否使员工产生归属感是赢得员工忠诚,增强企业凝聚力和竞争力的根本所在。

归属感是一个外延广泛、内涵丰富的概念。从表层而言,归属感体现为一种满意度,简单来说就是指一个人对他所从事工作的态度。工作满意度高的员工会对工作保持积极的态度,表现为工作高度投入、主动性强、工作效率较高；对工作不满的员工则会对工作持消极的态度，如推卸责任，逃避承担更多工作。具有适度挑战性的工作、公平的报酬、支持性的工作环境、融洽的同事关系都是影响工作满意度的决定因素。

深层挖掘归属感的内涵，可以看出它不仅仅是一种满意度，更表现为一种团队意识、创新精神的发挥以及主人翁意识、个人能动性的体现，是员工价值观和企业价值观的高度统一。只有当员工的个人价值观和企业的价值观得到了某种程度的统一，员工感到自己的理想能与企业的实际结合起来，才会有事业成就感，有与企业一起发展的渴望，才使员工有理由相信，自己的价值会在企业的运营中得到实现，才能使员工决心将自己融入到企业中去，以企业的利益为自己行为的导向，归属感才会随之产生。

员工的归属感是企业凝聚力的核心。那种被企业需要、尊重的感觉会不断激发员工的创新意识，当企业有经营困难时，有归属感的员工更能不离不弃、共渡难关。一旦员工对企业产生了"依恋心""归属感"，就会撂不下手中的工作，离不开合作的团队，舍不得未完的事业。如果员工对企业不信任、欠缺对团队的归属感，他们就不可能会以在团队中工作为傲，工作的热情和实力都不会被完全激发，只是为"工作"而工作，只会"做完"工作而不是"做好"工作。为了确保竞争和发展，就会有另一种情况随之产生，那就是企业的流动性会相对增大，企业的稳定和长期发展就得不到保障。

企业需要员工的"归属"来积聚向心力，同样对于员工来说，他们也需要这种"归属感"来满足自身对"安全感"的追求。人总有一种安全的需要，他需要加入到某一个集体当中去，通过群体成员之间的相互作用，实现被这个集体的其他成员所认同，进而产生一种被社会认同的感觉。人在这种情况下才可以消除无助感和孤独感，减少自我怀疑，觉得自己更有力量面对复杂的社会生活，同时，能够感觉到是安全的、有依托的、被他人信任的。人们在安全感的基础上，更能够满足地位感的需要、自尊的需要、实现目标的需要，从而产生了更加强烈的对该群体的归属感。

那么，在组织管理活动中如何才能满足员工的归属感呢？

（1）增加员工之间相互交流的机会，让大家彼此增进认同感。

成员之间多交流、多沟通，才能相互了解，达成共识，消除误会，增进认同感，从而增加归属感。比如说，多组织大家开展一些娱乐活动，对一些问题开展讨论等。

（2）让员工有安全感和温暖感。

"哪里最安全、最温暖？"当有人问这样的问题的时候，相信绝大部分的人会回答"在家里"。所以每个人都想营造一个温馨的家，并为家庭的建设奋斗终生。一个好的公司应给员工以家庭般的温暖感、安全感。其中，最重要的一条就是不轻易解雇员工，且在工作中、生活中遇到困难能及时得到帮助，在公司中能够得到家庭般的温暖。

（3）安排员工感兴趣的工作。

兴趣是最好的老师。心理学研究表明，一个人干他所感兴趣的事比干他不感兴趣的事的效率高出若干倍，干自己感兴趣的工作往往容易出成果，且长期从事自己感兴趣的工作有利于身体健康；反之亦然。作为管理者要善于观察、分析每位员工的兴趣差异，因人而异地安排工作。如果每位员工所干的都是自己感受兴趣的领域，他们就会热爱各自的岗位，工作就会对他们有吸引力。

（4）让员工有成就感。

作为管理者要经常宣传本组织工作的意义，让员工觉得自己是在做有意义的工作；还要对干出了成绩的员工不失时机地表扬，尤其对成就欲望强、抱负大的员工尽量安排能充分施展才华的岗位，且委以重任，让他们从事业中获得极大的愉悦。

（5）让员工觉得自己很重要。

作为管理者，要掌握每一个员工的情况，既可以量才而用，又能够给下属一种"我在上司心目中有位置"的感觉，以增强他对工作的责任心。通常情况下，员工都愿意让上司知道自己的名字，愿意在上司面前表现自己，以引起上司的关注。因而，管理者一定要了解员工的这一心理，来满足他们的需求，并以此来激发、鼓励员工的工作热情。你对员工越关注、越了解他，他就越高兴，工作热情也会越高，对公司的贡献就会越大。

第31章　注重营销而不是推销

"抓卖点"才能"多卖点"

如今很多企业管理者都在为一个问题感到困惑，那就是"我们生产的产品，最具吸引力的卖点究竟在哪里"？如果只是像小贩一样跟顾客当面推销产品，每个管理者都能滔滔不绝地说出一堆产品的好处，但是企业要跳过"推销"这个低级阶段，做好"产品营销"就需要准确抓住产品最能吸引消费者的一两处卖点，如果抓的不准，就有可能亲手"毁灭"一个优秀的产品，给企业造成巨大的损失。

一个青年为他父亲白手起家的故事而感动，于是，他历尽艰险来到热带雨林，找到一种高10余米的树木，这种树在整个雨林中也很罕见。砍下树后一年待其外皮腐烂，留下木心沉黑的部分，一种无比的香气便散发开来，若放在水中则不像别的树木一样漂浮，反而会沉入水底。

青年将香气无比的树木运到市场上去卖，却无人问津，这使他十分苦恼。但他身旁有人在卖木炭，买者却很多。

后来，他就把香木烧成木炭，挑到市场，结果很快就卖光了。青年为自己改变了主意而自豪，回家告诉他的老父亲。不料，老人听了，泪水刷刷地落了下来。

原来，被青年烧成木炭的香木，是世界上最珍贵的树木——沉香。老人说："只要切一小块磨成粉屑，它的价值也要超过卖一年木炭所赚的钱啊……"

其实卖点就是一种营销策略，是提炼品牌利益去满足目标客户的需求，从而打动目标客户群的一种策略。现实中却有很多人不懂得运用这个策略，以致营销工作不能取得好成绩。

一种产品往往具有多种用途，并由此构成多个卖点。人们往往看不到产品的最大价值，才做出了许多"因小失大"的蠢事。只有在市场上与时俱进，深挖产品卖点，建立强烈的自信心和责任感，才能在纷繁复杂的市场竞争中立于不败之地。

在美国有"营销怪杰"之称的鲍洛奇逐渐成为亿万富翁，进而成为家喻户晓的人物，其成功的原因就在于他在营销上的出奇制胜。

一天，有个水果仓库起火，灭火之后，库内储存的大量从阿根廷进口的香蕉被烤黄了，皮上还有许多黑点，无法出货。鲍洛奇当时经营一个小水果摊，当他赶到现场时，那位老板正哭丧着脸犯愁，并表示："谁要，给点儿钱就行。"但依旧无人响应。充满探究兴趣的鲍洛奇剥开香蕉外皮一尝，发现经过烧烤的香蕉居然别有一番风味，只不过外皮有点儿怪。

于是他将烧烤了的香蕉全部低价买下，在大街上叫卖："最新进口的阿根廷香蕉，与众不同的南美风味！先尝后买！"有人心动了，尝了尝，发现确实不错，于是，香蕉被一抢而空。鲍洛奇因此赚了一大笔钱。

卖点现在之所以被很多企业广泛采用，是因为它对营销工作具有明显的推进作用，而且卖点相对于其他销售手段具有低投入、见效快、易控制、易操作、突击性强的特点，可以为企业带来利润。所以，如何抓好产品的卖点，应该是企业管理者认真思考的一项课题。

上谋伐心

纵观历史长河我们会发现，长时间的武力征服若不能使被征服者屈首，他们的厌恶乃至仇恨就会与日俱增，最后必将奋起反抗。而真正聪明的管理者会作长远的打算，会"攻占人心"，让人信服。战争主体是人，"商战"的主体也是人，所以"攻心术"放在商场上同样适用。

"今天不要买摩托车，请您稍候 6 天，要买摩托车您必须慎重地考虑——有一辆意想不到的好车就要来了，请您稍候 6 天。"

这是 1974 年 3 月 26 日，在各大媒体登出的一则悬疑性营销广告，除了上述的文案之外，既没有厂商的名字，也没有任何画面。

第二天，相同的媒体继续登出这则营销广告，内容只改了一个字："请您稍候 5 天"。

第三天又改为："请您稍候 4 天。"

第四天则为："请您稍候 3 天，买摩托车，您必须考虑到外形、耗油量、马力、耐用程度等。有一辆与众不同的摩托车就要来了。"

第五天又改为："让您久候的这辆摩托车——无论外形、动力、耐用度、省油等都能令您满意的'野马'125CC 摩托车，就要来了，麻烦您再稍候两天。"

第六天的营销广告为："对不起，让您久候的三阳'野马'125CC 摩托车，明天就要来了。"

第七天，"野马"125CC 新车正式登场，果然造成轰动及震撼。三阳公司配送到各地经销商的摩托车全部被抢购一空。紧接着数天，抢购风潮仍历久不衰，"野马"成为市场上 125CC 车种的主流产品。三阳摩托车其他型号的车种也连带畅销起来。

这是一个大胆而新颖的构想，这次的促销活动，不但使"野马"摩托车一炮而红，也奠定了三阳摩托车在市场上的领导地位。

在现代企业管理上，用攻心方式营销产品的企业越来越多，他们抓住消费者心理，迅速使自己的产品占领市场。

那么企业管理者该怎样执行攻心式品牌营销呢？下面的建议或许会对你有所帮助。

（1）先与目标消费者进行心理分析与沟通。

在品牌定位之后，企业需要理解目标消费者的消费心理及购买产品期望获得的额外价值。企业应注重与消费者之间的沟通，挖掘他们内心的渴望，站在消费者的角度，去审视自己的产品和服务。

（2）进行消费情景的体验轰炸。

营销人员不要再孤立地去思考一个产品（质量、包装、功能等），而是通过各种手段和途径（娱乐、店面、人员等）来创造一种综合的效应以增加消费者的体验。

第 32 章 "小人物"也有"大智慧"

"小人物"小看不得

有很多企业的高管都是"势利眼"，瞧不起基层员工，瞧不起"小人物"，只会仰望大人物。但其实大小并不绝对，二者可以转换。所以对待"小人物"，也不要一味趾高气扬，而要懂得变通，善于用人。

如今在 NBA 非常火的亚裔球员林书豪在爆发前，就是一个十足的"小人物"，拿着底薪，坐在板凳的末端，被戏称为"饮水机管理员"，作为球队的第十二或十五人，根本得不到多少上场的机会。在纽约尼克斯队战绩不佳、球队主将安东尼和斯塔德迈尔缺阵，主帅丹东尼随时可能被炒的时候，丹东尼抱着"死马当活马医"的心态，在与新泽西篮网的比赛中派上了林书豪，结果林书豪大放异彩，并且一发不可收，率领尼克斯打出了一波七连胜，书写了一段体育界内的传奇故事。

"小人物"就像小螺丝钉，用得得当就能推动大机器的运转。不要小看"小人物"，有的时候"小人物"却有"大用处"。

清朝雍正皇帝在位时，按察使王士俊被派到河东做官，正要离开京城时，大学士张廷玉把一个很强壮的佣人推荐给他。到任后，此人办事很老练，又谨慎，时间一长，王士俊很看重他，把他当作心腹。

王士俊任期满了准备回京城。这个佣人忽然要求告辞离去。王士俊感觉很奇怪，问他为什么要这样做。那人回答："我是皇上的侍卫。皇上叫我跟着你，你几年来做官没有什么大差错。我先行一步回京城去禀报皇上，替你说几句好话。"王士俊听后吓坏了，好多天一想到这件事就两腿直发抖。幸亏自己没有亏待过这人，要是对他有不善之举，可能命就保不住了。

俗话说："阎王好见，小鬼难缠。"想要搞定"大人物"，就先搞定他身边的"小人物"吧！

戴笠当军统头子时，逢年过节，都要派人出去送礼，这礼并非是送给达官显贵的。他手下的人把汽车停在国府路（今南京长江路）附近，到了黄昏人静的时候，就会有很多人过来问："戴局长有东西交给我吗？"然后接过红包悄然离开。

这些人，都是总统府里的听差、门房、女仆或是文书，虽然地位卑微，绝不可能参与军国大事，但他们毕竟天天都在蒋介石身边。

戴笠并不是时时刻刻可以跟随在蒋介石身边的人，而这些人的职业就是侍候蒋介石。蒋介石的行为、情绪的变化，都瞒不过这些人的眼睛。

然而对戴笠而言，这些信息的作用还不是最重要的。公文积压在官场是常事，有的一搁就是一年半载，有的只要搁上十天半个月，即使批下来，也是另一种结局了。军统上报的公文，耽搁在蒋介石那里，戴笠是不敢催办的。可是清洁女工就有这样的便利，她清扫蒋介石的办公室时，只要顺手在文件堆里把军统的公文翻出，放在上面就万事大吉了。戴笠的部下再有能耐，也不敢随意进蒋介石的办公室！这件事非清洁女工莫属。

"小人物"有"小人物"的优势，如便利、隐蔽、灵活、感恩等，因此，企业领导在日常管理中要灵活变通，千万不要只逢迎那些所谓的达官贵人，而要懂得和"小人物"建立关系，而且，更不可得罪"小人物"，尤其是显贵身边的"小人物"。

成全"小人物"就是成全自己

"一个好汉三个帮,一个篱笆三个桩。"没有人能只靠自己取得成功。人与人之间地位是有差异的,但不能说明"小人物"就无能力。善成大事者很会重视"小人物"的力量,因为他们知道在不久的某一天,"小人物"说不定能给他们提供成大事的机会。

战国初期,魏国是最强大的国家。当时,魏文侯器重和尊敬品德高尚而又具有才干的人。

魏国有一个叫段干木的人,德才兼备,名望很高,隐居在一条僻静的小巷里,不肯出来做官。魏文侯想向他请教治理国家的方法。有一天,他坐着车子亲自到段干木家去拜访,段干木却赶忙翻墙跑了。以后接连几次去拜访,段干木都不肯相见。但是,段干木越是这样,魏文侯越是仰慕。

左右的人对此都有意见,说:"段干木也太不识抬举了。"魏文侯摇摇头说:"段干木可是个了不起的人啊,不趋炎附势,不贪图富贵,品德高尚,学识渊博。这样的人,我怎么能不尊敬呢?"后来,魏文侯干脆徒步跑到段干木家里,恭恭敬敬地向段干木求教,段干木被他的诚意所感动,替他出了不少好主意。魏文侯请段干木做相国,段干木怎么也不肯。魏文侯就拜他为师,经常去拜望他。

这件事很快就传开了。人们都知道魏文侯"礼贤下士",器重人才。于是一些博学多能的人如政治家翟璜、李悝,军事家吴起、乐羊等先后来投奔魏文侯,帮助他治理国家。特别是李悝,在魏国实行变法,废除奴隶制的政治、经济体制,使新兴的地主阶级参与国家政权,使魏国经济迅速地发展起来,终于成为最强大的诸侯国之一。

一般情况下,处于劣势的人胆子都小,与"大人物"交往心有顾忌，生怕被人瞧不起。这时，身居高位的人在自己的言行中更要小心谨慎，你的一举一动说不定会触及他人敏感的神经。许多成功的伟人深明此理，往往对处于下位的人格外关照，因此也就格外赢得人心。

让"小人物"感到自己受重视，有时还必须施展一些手段，把双方的面子扳平，使"小人物"脸上有光。

威尔逊当选为美国新泽西州州长之后，有一次，他在纽约出席一个午餐会，主持人在介绍他时称他为"未来的美国总统"。这自然是对他的刻意恭维，可是对其他在座的人来说，却产生了相形见绌之感，众人的脸上都有些挂不住了。

威尔逊因此想扭转这种一人得意众人愕然的局面。他起立致词，在几句开场白之后，他说："我自己感到我在某方面很像一个故事里的人物。有一个人在加拿大喝酒过了头，结果在乘火车时，原该坐往北的火车，却乘了往南的火车。"

"大伙发现这一情况，急忙给往南开的列车长打电报，请他把名叫约翰逊的人叫下来，送上往北的火车，因为他喝醉了。"

"很快，他们接到列车长的回电：'请详示约翰逊的姓，车上有好几名醉汉，既不知自己的名字，也不知该到哪儿去。'"

威尔逊最后说："自然，我知道自己的名字，可是我不能像主持人一样，知道我的目的地是哪里。"

听众大笑。威尔逊幽默的谦逊，通过一种自我抹黑的方式把自己的身份降低，大家感觉上平起平坐了，使众人感觉摆平了面子。

做人不可忽视"小人物"，"小人物"既能毁掉你，也能成全你。作为企业的管理者，不管是保安、传达室的大爷还是保洁的大妈，都不可小视，要想成就自己就必须学会与"小人物"相处的艺术。

第 33 章 "把握动机"与"强迫坚持"

把握住"做事动机"

每个人的时间和精力都是有限的，只有把有限的时间和精力花在最值得做的事情上才能让你作出正确选择，不被琐事干扰。尤其对于公司的管理者来说，他的时间和精力就是企业的宝贵财富，如果管理者把时间和精力都花在一些无关紧要的琐事上，就相当于在挥霍企业的财富。所以，作为一个企业的管理者，必须要把重要的事情优先考虑。如果你养成了只做重要事情的习惯，就相当于获得了别人两倍的生命。而且，做起事情来会事半功倍。

乔布斯就是这一理念的践行者。

每一天开始工作之前，乔布斯都要先问自己："今天最重要的事情是什么？"确定了最重要的事情之后，乔布斯就心无旁骛地专心做这件事情，而且一定要做到完美。如果连续几天都找不到"重要的"事情可做，那一定是某个环节出了问题，需要好好反思了。

将者，军之魂。苹果公司的员工工作效率堪称世界一流，这很大一部分要归功于最高管理者乔布斯的工作效率。乔布斯在工作中完全秉承了"要事第一"的原则。在乔布斯的工作日程上，招聘顶级人才就是最重要的事情之一。他曾宣称："人要么是天才，要么是笨蛋。我最喜欢的是日本百乐 PILOT 钢笔，其他的所有钢笔都是垃圾。除了麦金塔小组的成员。这个行业的其他所有人都是笨蛋！员工的才华是公司最大的竞争优势，为吸收世界上最优秀的人才，我所做的每一件事都是值得的。"

乔布斯的高度重视，让苹果公司汇聚了来自世界各地的顶级人才，令其他公司垂涎三尺，这让乔布斯非常开心，他曾自豪地说："和天才一起工作，是一件非常快乐的事情。苹果的产品总被视为艺术品，而它们的创造者——苹果的员工们，也颇有管理艺术家的特质。每个工程师都是天才，都个性十足。"

乔布斯常常仿效僧侣的修行方式，进行静坐和冥思，以排除思想杂念。乔布斯从中受益良多，宗教中的修行方式成了他进行精神调节的重要手段。每当乔布斯感觉心灵失控时，他就通过这种方式来调整自己的心灵，当他找不到设计的灵感时，他也会用这种冥思的方法来帮助自己。正因为如此，乔布斯很清楚自己想要的是什么，并且能将思想集中于它，所以他总是精力充沛，灵感源源不断。这些有效的精神调节方式使乔布斯能专注于最重要的事情而不至于分心，因而能更好、更有效地处理所遇到的问题。

"要事第一"，在乔布斯这种管理理念的贯穿下，苹果公司走出了低谷，迎来了第二春。

在央视《赢在中国》节目里，马云说过这样一句话："首先要做正确的事，然后再正确地做事。如果你做的不是正确的事，那么你做得越正确，走向失败的速度就越快。"

企业管理者每天都要面对众多事情，怎样才能区分哪些是需要做的"正确的事"呢？效率研究专家艾伊贝·李提供了这样一些建议：

（1）不要想把所有事情都做完。

（2）手边的事情并不一定是最重要的事情。

（3）每天晚上写出你明天必须做的事情，按照事情的重要性排列。

（4）第二天先做最重要的事情，不必去顾及其他事情。第一件事做完后，再做第二件，以此类推。

（5）到了晚上，如果你列出的事情没有做完也没关系，因为你已经把最重要的事情都做完了，剩下的不重要的事情可以明天再做。

坚持按以上的建议做事，相信你会有很大的收获。

用"强迫"帮助员工坚持

人都是有惰性的，尤其是普通人，很多人的惰性往往已经严重到了"不可救药"的地步。因此，仅仅靠教育来唤醒这些"不可救药"的"懒人"无异于"痴人说梦"。如果不采取一些"特殊"手段，是不可能让这样的人做到"坚持"二字的。

但是，仅靠来自外部的"外强迫"如督促、批评、处罚甚至是谩骂等手段，都很难达到一个良好的效果。"懒人"之所以安于现状就是因为自尊心和好胜心不强，甚至有人开始跟你"耍无赖""破罐破摔"，你还是拿他没办法。

所以，最好的办法，还是通过"内部强迫"的手段，达成促使其做到"坚持"的目的。

简单点说，"内强迫"就是"自己强迫自己"。"内强迫"说起来好像有点儿玄乎，其实在生活中非常常见，不管多懒的人都可以"自己强迫自己"。比如大部分人早上起床后都会洗脸、刷牙；不管多么不情愿起床，闹钟一响还是会穿戴整齐去上学或者上班。

"内强迫"的心理动机大概有以下三种：

其一，这是由一种近似于"常识性法律义务"的潜意识在起作用。比如说按时上下班、按时上下学等，都是出于这样的一种意识。

其二，"从众心理"的作用。大家都在做一件事，只有自己不做会让人产生极为强烈的"被排斥感"，这种不良情绪又会带来"不安全感"与"不踏实感"等更为严重的不良情绪。出于对这些不良情绪的强烈厌恶与抵制，即便是不想做也不得不做。

其三，"习惯"的作用。不管出于哪一种原因，一件事情只要做够了一定的时间就会养成习惯，而任何能够养成"习惯"的事情，心里喜不喜欢已经不重要了，坚持下去是因为一种"惯性"。

了解了"内强迫"的生成原因，我们就能够将这些原理运用到实际管理工作当中去。我们的很多公司都拥有很多大大小小的制度，但又有多少能够被很好地执行呢？"按时上下班"这一条，即便你不把它写入制度，也能够得到绝大多数员工较好地执行。关键就在于这些"制度"的"常识性"的大小。很多制度不可谓不好，但是难以称得上是"常识"，所以就很难被员工很好地执行；相反，很多制度即便很一般，但因为有着较强的"常识性"，因此反而能够被较好地执行。

在执行力强、管理井然有序的企业当中，真正有效的管理手段和制度往往并不一定会有多高明，它们之所以能够起到巨大的作用，就在于这些企业善于把这些管理手段和制度变为员工心目中的一种"常识"。

而要做到让这些管理手段和制度达到"常识"的地步，就需要很好地利用"外强迫"的力量，通过"外强迫"帮助员工达成"内强迫"。具体操作方法是，通过前期一段时间内持续地宣传和督促，手把手地指导，让员工先养成习惯。这个过程很重要，绝对容不得半点儿松懈。

成功的关键点在于：一要手把手，不要寄希望于员工的自觉性；二要持续。任何一项新制度，只要员工还没达到养成习惯的程度，就绝对不能松劲。当大部分员工已经养成了习惯后，就可以相对轻松地利用"从众心理"这把武器了。管理者可以善意地激发一下那些还没有做到，或做得不是很好的员工，适当地剥夺他们的安全感来促使他们产生"摆脱孤立"的强大动机，从而快速迎头赶上。

但是，在实际的操作当中，很多企业之所以做得不好，主要是因为他们不能够很好地把握好"外强迫"和"内强迫"之间的关系与分寸，所以常常导致"一抓就死，一放就乱"的局面。很多事情虽然翻来覆去地抓，但总是忙活了半天事情还处在原地踏步的状态。

几种典型的表现是：

（1）很多事情虎头蛇尾，三分钟热度。

开始时劲头挺足，三把火烧得挺旺。但是总会在员工真正养成习惯以前就泄劲了。上头一松懈，员工更乐得"配合"，很多事情辛辛苦苦努力好几个月，一夜之间就被"打回原形"。等到管理者发现不对劲之后，只能从头再来一遍。但是可惜没有一次可以真正做到位。

（2）很多事情也能做到一定程度的坚持，但是因为发力过猛或绷得太紧，导致员工怨声载道。

管理者一看这情形，担心会出什么乱子就先露怯了，心想：还是稳定压倒一切啊！因此，赶紧给员工"松绑"，而且往往是"一松到底"，所以又会上演"辛辛苦苦三十年，一夜回到解放前"的"悲剧"。过了一阵儿，等管理者终于回过神儿来，却发现局面已经到了一塌糊涂、不可收拾的程度。

当然，也还会有其他的一些表现形式，"剧情"都是大同小异。

所以，管理者如果真想让自己的管理手段"开花结果"，就一定要很好地处理"内强迫"与"外强迫"各种要素之间的关系，很好地把握它们之间的分寸。

第 34 章　经营人心，从新员工开始

给新员工归属感

对于很多小公司来说，由于员工相对较少，每一名员工所起的作用都是至关重要的。小公司老板对于新加入的员工更是倍加亲切，让他们体会到公司大家庭的温暖和自己的重要性，找到一种归属感。老板所要做的就是要像一个长辈教导自己的孩子一样进行引导和讲解，而不应是像上司训教下属。

尽管许多老员工都能认识到新员工的重要性，但仍会有意无意地给他们出难题。这种排外的心理在自然界中也十分普遍——群居的动物很少接受外来的同类，因为食物和水的数量是有限的，接受新成员就意味着自己分得的机会更少。所以老员工对新员工产生排斥感也是可以理解的。

小公司的老板面对这种情况最明智的方法就是赶快行动，引导、鼓励老员工们努力去接纳新员工，并且要让新员工清楚地感觉到被接纳。因此，小公司的老板必须要清楚地了解新员工初来乍到会遇到哪些问题。

1. 冷落

常常可以看到一大群老员工在一起聊天、喝茶，没有一个人去和默默工作的新员工说话。

出现这种情况应该说双方都有责任。但作为老板或主管人员显然应该想得更周到一些。在这种情况下，最简单有效的方法就是由老板或老板信任的一名员工来陪伴他，帮助他迅速融入到新环境中去。你可以在聊天中以询问的方式把他引到集体

之中，也可以在他独自享用午餐的时候坐在他身边，还可以在他遇到不熟悉的领导时帮他介绍。总之，千万不要把他晾在一边。

2. 由于环境陌生带来的尴尬

新来的员工可能由于紧张而忽视老板布置任务的注意事项，但他们绝对会仔细聆听与生活息息相关的琐碎小事。比如卫生间和餐厅的位置，班车的发车时间和停靠站。这些基本情况都应该有人负责讲解给他们听。

3. 各种规定

这包括成文和不成文的规定。前者比较容易解决，一般的公司都有专门为员工制定的员工手册，只需一位老员工把重要的地方解释给他听就可以了。麻烦的是不成文的规定，每个办公室都有他们独特的规定，而且这些不成文的规定也在不断地变化，比如因为主管的更替，员工们不得不把工作时喝茶的习惯改掉，或者换成咖啡。总之，这是一些很难用语言表达出来的东西，尤其当老员工们已经十分熟悉并把它作为正常生活和工作的一部分了。

对于刚刚加入的新成员，务必要让他明白这些规矩，否则以后的许多矛盾冲突都会来自这些看似微不足道的小事上。老板或部门领导的工作就是尽量让这些规矩口头化。如果你认为这样毫无头绪，不如试试下面的方法：

（1）比较你们部门和其他部门工作时间安排的异同。

（2）别的部门对你们部门最深的印象是什么。

（3）你们部门有没有私人的聚会，包括如何付账。

另外还应该注意到一些细节，比如打电话、私人交谈、吃午饭、卫生情况以及开玩笑，等等，这些都需要有一个人在仔细分析之后将最接近的答案直接交代给新员工。

4. 故意刁难

所有老板都不希望出现这种情况，但有时个别员工的表现实在出人意料。这个时候老板的行动十分关键，显得过分关注和过分冷漠都不明智，太激烈的举动很可能令你两面不讨好。

刁难从某种意义上说就像是给新来者的"见面礼"，最常见的刁难方式就是让新员工从事一些打扫卫生，端茶倒水之类的工作，或开一些让他们丢面子的玩笑。这些现象都反映了在群体中资格老的人无形中享受了某种特权，只有开得起玩笑，承认这种特权的新员工才会被组织所接受。而那些稍微受一点儿委屈就跑到主管那里哭诉的员工，即便是想要帮助他迅速融入公司文化也很不容易。这样的新员工老板也会很不喜欢，他们当然也会受到别人的排斥。

身为公司的老板，首先要做的就是不直接介入冲突，更不要摆出一副救世主的样子，一看到新员工被刁难就立即出面制止。而是应该相信新员工能明白开玩笑的意义，有准备、有胸襟、有能力自己应付，然后借此机会与其他人打成一片。如果新员工不谙人情世故，认为这是敌对攻击而向你诉苦，你应该真诚地和他谈一谈，帮助他做好充分的心理准备，使他意识到有些事不过是玩笑而已，暗示他正确的处理方式。你可以用讲笑话的方式向他讲述你第一次进入公司遇到的问题，告诉他你是如何闯过这一关的，或者轻松地向他介绍办公室里每个人的特点，让新员工更进一步了解他们的脾气、秉性。以上这些都不失为一些好的办法。

相信如果老板能将上述这几点做好，新员工一定能够迅速融入公司的大家庭。

80后新员工该如何对待

与60后、70后不同，80后的新人没有那么多的兄弟姐妹。在学校时跟同学也都是名次上的竞争对手，而他们的父母又比以往任何一个时代都要忙碌，因此，他们心里最渴望的是关怀。

80 后新人喜欢跳槽，往往感觉自己在企业里不受重视就会有这种想法，这和缺少关怀有很大关系。

对于 80 后的新员工，不能只是发个奖状或者给个红包，而需要用等同价值的方式去表现。比如某个销售部员工酷爱收藏卡通模型，HR 经理花 600 元为他搜罗一个他找不到的卡通，作为本周销售业绩冠军的奖励，比奖励他 1000 元奖金更加让他觉得激动和人性化。这就为"老一辈"的人力资源工作者提出了新的挑战。

80 后新人不再像"前辈"们一样把企业当成自己的家，在他们看来，企业不过是他们实现自我价值的一个平台和跳板。他们选择一家公司的原因很简单：这里能帮助我成长。一旦他觉得在这里自己没有成长或发展空间，就会果断选择离开。因此，企业管理者要注意持续不断地给他们提供目标和晋升通道，让他们知道只要努力，就会不断提升。这样他们就会觉得工作很有成就感，认为这里更适合自己的发展。

缺乏深度的沟通是管理者经常犯的错误，特别是对 80 后的员工，他们对工作和公司都有很多想法，但是那些负面、消极的想法一般都不会主动说出来，这时就需要管理者们去主动聆听，动之以情、晓之以理地去引导。

80 后员工承受的工作和社会压力并不小，但"前辈们"却总是指责他们抗压能力差。因此，企业和管理者有必要做好他们的降压管理：一要关怀他们，二要理解他们，三要包容他们，四要对他们有耐心。很多时候对待其他老员工的方法在他们身上并不适用，因为不同年代的人，所能够接受的领导和管理方式是不一样的。许多 80 后新员工抱怨自己的上司不能正确看待自己的工作和态度，主要是因为 70 后管理者的管理理念没有做到因人而异、与时俱进。

80 后员工实际上是充满矛盾的一个群体，在某些方面他们很先进，比如，他们的知识信息量大、自信、创新；但在另外一方面，他们承受工作压力的能力相对较弱，而且对工作的期望值很高。因此，这也加剧了80后员工的跳槽欲望。

江雄是一位80后职场人的典型代表，他靠自己的努力从市场主管被提升为副经理。在他的锐意进取下，公司的市场工作开展得非常出色，江雄的能力也得到了公司上下的一致认可。

就在江雄信心满满地以为自己行将"转正"时，公司高层突然空降了一位34岁的经理给他，这位"空降兵"是公司总裁办的任蓉。刚开始，江雄还是真心接纳这位上司的，但一段时间后，江雄发现自己的这位上司每天的主要工作就是玩游戏。有业绩的时候，报上去总是任蓉的名字，出现失误的时候，任蓉总是推得一干二净。不仅如此，两人的薪酬差距还非常大，辛苦做事的副职只有玩游戏的正职的一半，这让江雄好不失落。

一年后，感觉到自己在公司内已经没有发展空间的江雄，心灰意冷地离开了，他留下的空缺半年内都没有寻找到合适的人选填补。江雄在向公司提出离职后，甚至连人力资源部经理要求的离职面谈都不愿参与，收拾完东西就头也不回地离开了自己担任产品部副经理长达3年之久的公司，没有和同事告别，更没跟自己的直接上司说一句话。

在新、老员工的冲突中，新员工往往处于一种非常不利的境地：他们虽然能力出众并且受到高管层的信任，但由于在公司内部缺乏基础，而且服务时间不长，他们的忠诚度也极容易受到质疑。强烈的自我保护意识本来就已经让老员工抱成一团，形成一个利益共同体。一旦有新员工能力出众、风头正劲，对一些老员工的地位造成威胁时，就会联合起来共同打压新员工。这时，人为制造的"瓶颈"往往就限制了新员工的发展，导致新员工在郁闷之下拂袖而去。

如果说薪酬差异、日常的矛盾冲突、穿小鞋、抢功、推卸责任等都还可以忍受的话，职业发展的"瓶颈"却是80后员工最不能接受的。对80后员工来说，由于年轻、有活力、有激情，他们的追求与企业内的老员工往往有较大的差异。老员工更趋于求稳，只要你不触犯我的利益就行。而80后的新员工对职业发展的期望更高，他们渴望能够被赋予更多的责任与授权，能够参与决策……这与老员工保护既得利益的诉求是逆向而行的。

显然，这种人为制造的"瓶颈"对80后员工来说是不公平的。而在他们看来，这样的"瓶颈"其实也是很脆弱的，一捅就破，是否去捅破这个"瓶颈"，只在公司管理者的一念之间。

能够激发80后的氛围

企业氛围对管理效果的重要性早已是不言而喻了，面对80后群体，企业更是要重视氛围管理。要试图在企业内部营造一种与80后需求相匹配的管理氛围，只有这样，才能让轻松的氛围激发80后的潜能和创造力，达到80后为企业所用的目标。

工作氛围分两种，一种是环境氛围，一种是人文氛围；环境氛围是指由办公空间的设计、装帧、风格等营造出来的感受，人文氛围是指团队成员言行举止的传播影响，这两者的融合会让员工的能力产生很大的影响。

有人曾在网络上发布谷歌公司总部办公室的照片，那里看起来简直就像一个度假村，有台球桌、自助的食品饮料吧台、理发厅、按摩室、游泳池、员工子女看护间，在工作区域还有舒适的躺椅、灵感涂鸦墙、各种各样的健身器材和玩具，等等，这非常符合IT巨头谷歌崇尚自由和创新的企业文化；可想而知，员工在嚼着巧克力享受按摩师的服务的时候，灵感很容易争相找上门来。这并不是鼓励所有企业都要学谷歌，而是建议企业在办公室布置上做出符合企业所属行业的独特风格来，在人文氛围上做出能正确引导员工行为的企业文化来。

尊重是所有人的心理需求。80后员工是脆弱而又敏感的一代，他们做事张扬，内心又想赢得别人的尊重，尤其是上司和老板的尊重，因此，作为管理者要尽可能地给他们提供一个宽松、独立、自由、开放的工作环境，以体现对他们的尊重。比如，让他们独立开发一个市场，整个过程中不指手画脚，只给予指导；对于80后员工的每一点进步，都能够给予及时的表扬和肯定，即使犯错，也要采用委婉的说法，"关起门"来批评。同时，作为企业和管理者，还要愿意为他们成长中所走的弯路埋单，从而能够让他们快速地成长。与企业得到的回报相比，埋单的那点"花费"实在是微不足道。

管理者要想真正留住人才，在和员工们在一起时，不要只是单纯的上下级关系和工作关系。在工作之外还要有同情共感，痛痒相关的关怀，也可以在工作之余共同娱乐。总之，管理者要明白，只有把员工当成家庭成员一样对待，与他们打成一片才能实现成功的管理，而与员工亲切友善、打成一片的最简单方法就是实现平等管理。在管理中，所谓的平等不仅是指老板和管理者要一视同仁，使员工们在同等的条件下工作，而且还指老板、管理者和员工三者之间互相平等。对员工的尊重和信任是企业管理的核心内容，而这核心内容之首就是平等。

总之，对于新加入的80后员工，老板一定要做到足够的关怀与支持，并设身处地的去体谅他们，思考一些以他们的视角看待问题的方法，更重要的是要切忌厚此薄彼，对新、老员工应一视同仁。

第 35 章　点到即可，水至清则无鱼

水至清则无鱼

古语说："水至清则无鱼，人至察则无徒。"说的是在与人相处的时候不要用放大镜看人的缺点，如果过分地追求完美，不断指责他人的过错，就会失去朋友和合作伙伴。

历史上，懂得宽容的人大多是会做事的人。这样的例子几乎举不胜举。

被称为春秋五霸之一的楚庄王，有一次宴请群臣，让大家不分君臣，尽兴饮酒作乐。正当大家玩得高兴时，一阵风吹来，灯火熄灭，全场一片漆黑。这时，有人乘机调戏楚庄王的爱姬，爱姬十分机智，扯下了这个人的冠缨，并告诉楚庄王："请大王把灯火点燃，只要看清谁的冠缨断了，就可以查证谁是调戏我的人。"群臣乱成一片，以为定会有人丧命，可是，楚庄王却宣布："请大家在点燃灯火之前都扯下自己的冠缨，谁不扯断冠缨，谁就要受罚。"

当灯火再燃起来的时候，群臣都已经拔去了冠缨。那个调戏楚庄王爱姬的人自然无法查出。大家都舒了一口气，又高兴地娱乐起来。

两年以后，晋军攻楚。这时，有一名将军勇往直前，杀敌无数，立了大功。楚庄王召见他，赞扬他说："这次打仗，多亏了你奋勇杀敌，才能打败晋军。"这个将领泪流满面地说："臣就是两年前在酒宴中调戏大王爱姬的人。当时大王能够重视臣的名誉、宽容臣的过错，不处罚臣，还给臣解围，这使臣感激

不尽。从那以后，臣就决心效忠大王，等待机会为大王效命。"

任何一个想成就一番事业的人，在与他人交往的时候都应该眼光高远，胸襟博大。要做到这一点，就必须克己忍让，宽容待人。如果都像《三国演义》中的周瑜那样心胸狭窄，总有"既生瑜，何生亮"的思想，又如何与人合作呢？

在这方面，被人们称为"三国时代风云人物""乱世英雄"的曹操堪称典范。曹操不仅能够与身边的人很好地合作，甚至还能不计前嫌、化敌为友。

公元200年，曹操的死对头袁绍发表了讨伐曹操的檄文。在檄文中，曹操的祖宗三代都被骂得狗血喷头。曹操看了檄文之后问手下人："檄文是谁写的?"手下人以为曹操准得大发雷霆，就战战兢兢地说："听说檄文出自陈琳之手。"曹操于是连声称赞道："陈琳这小子文章写得真不赖，骂得痛快。"

官渡之战后，陈琳落入曹操之手。陈琳心想：当初我把曹操的祖宗都骂了，这下子非死不可了。然而，曹操不仅没有杀陈琳，还委任他做了自己的文书。曹操还与陈琳开玩笑说："你的文笔的确不错，可是，你在檄文中骂我本人就可以了，为什么还要骂我的父亲和祖父呢?"后来，深受感动的陈琳为曹操出了不少好主意，使曹操颇为受益。

曹操与张绣的合作也使后人们钦佩他的宽宏大量。看过《三国演义》的人都知道，张绣是曹操的死敌，两个人有着深仇大恨。曹操的儿子和侄子都死于张绣之手。但是，在官渡之战前，为了打败袁绍，曹操考虑到张绣独特的指挥才能，主动放弃过去的恩恩怨怨，与张绣联合，并封张绣为扬威大将军。他对张绣说："有小过失，勿记于心。"张绣后来在官渡之战和讨伐袁谭的战役中，十分卖力。

官渡之战结束后，曹操在清理战利品的时候，发现了大批书信，都是曹营中的人写给袁绍的。有的人在信中吹捧袁绍，有的人表示要投靠袁绍。曹操的亲信们建议曹操把这些当初对他不忠心的人抓来统统杀掉。可曹操说："当时袁绍那么强大，我自己都不能自保，更何况众人呢？他们的做法是可以理解的。"于是，他下令将这些书信全部烧掉，不再追究。那些曾经暗通袁绍的人被曹操的宽宏大量感动了，对曹操更加忠心。一些有识之士听说了这件事，也纷纷来投靠曹操。

人非圣贤，孰能无过？有道德、有修养的人不在乎犯不犯错误，而在乎有过能改，不再犯错误。《尚书·伊训》中有"与人不求备，检身若不及"的话，是说我们与人相处的时候，不求全责备，检查约束自己的时候，也许还不如别人。要求别人怎么去做的时候，应该首先问一下自己能否做到。推己及人，严于律己，宽以待人，才能团结别人，共同做好工作。一味地苛求，就什么事情也办不好。

齐国的孟尝君是战国四公子之一，以养士和贤达而闻名。他的门客有时多达三千人，只要有一技之长，就可投其门下。他一视同仁，不分贵贱。他也因养士而在一定程度上保全了国家。

有一次，孟尝君的一个门客与孟尝君的妾私通。有人看不下去，就把这事告诉了孟尝君："作为您的手下亲信，却背地里与您的妾私通，这太不够义气了，请您把他杀掉。"孟尝君说："看到相貌漂亮的女人就喜欢，这是人之常情。这事先放在一边，不要说了。"

一年之后，孟尝君召见了那个与他的妾私通的人，对他说："你在我这个地方已经很久了，大官没得到，小官你又不想干。卫国的君王和我是好朋友，我给你准备了车马、皮裘和衣帛，希望你带着这些礼物去卫国，与卫国国君交往吧。"结果，这个人到了卫国并受到了重用。

后来，齐、卫两国因故断交了，卫君很想联合各诸侯一起进攻齐国。那个与孟尝君的妾私通的人对卫君说："孟尝君不知道我是个没有出息的人，竟把我推荐给您。我听说齐、卫两国的先王曾杀马宰羊，进行盟誓说：'齐、卫两国的后代，不要相互攻打，如有先攻打者，其命运就和牛羊一样。'如今您联合诸侯之兵进攻齐国，这是违背了您先王的盟约。希望您放弃进攻齐国的打算。您如果听从我的劝告就罢了，如果不听我的劝告，像我这样没出息的人，也要用我的热血洒溅您的衣襟。"卫君在他的劝说和威胁下，最终放弃了进攻齐国的打算。齐国人听说了这件事后，说："孟尝君真是善于处事、转祸为福的人啊。"

待人接物，不能对人过于苛求，对别人过于苛求，往往使自己受阻。社会是由各式各样的人组成的，有讲道理的，也有不讲道理的；有懂事理的，也有不懂事理的；有修养深的，也有修养浅的；我们总不能要求别人讲话、办事都符合自己的标准和要求。

对于管理者来说，赏罚分明是永远不变的宗旨，但要掌握好平衡和分寸，并不是员工不管犯什么错、每次犯错都要罚，只知道按照规章制度管理公司的人，不会是一个好的管理者。

让员工"安心"犯错

人非圣贤，孰能无过。不管是老板、管理者还是普通员工，谁都无法避免犯错，谁都是在不断地犯错中成长起来的。作为管理者，如果自己犯错时"马虎而过"，员工犯错时"锱铢必较"，这样很容易伤了员工的心，让他们做事时瞻前顾后，放不开手脚。

一般来说，业绩出色的员工往往容易受到管理者的偏爱，而那些有失败、过失记录的员工，在管理者心中多少留些偏见。管理者的这种心态，对企业人际关系而言是非常不利的，最终会导致两极分化：员工之间会产生对立的情绪，组织内部会产生两个对立的小团体，而管理者就是造成这个局面的关键人物。

员工取得好的业绩对企业而言是一件喜事，也是值得管理者为之骄傲的。这种骄傲一定要立足于企业这个大家庭的基础之上，而不能滋生一种的个人偏好和憎恶的情绪。

员工一次成绩的取得绝不能成为他赚取私人感情的资本。

管理者对其偏爱虽然在很大程度上给了他信心与继续挑战工作的勇气，随之而来的还有更多的获得工作业绩的机会，但是管理者需要明白的是，企业是属于全体成员的，每个人都应该享受同等的权利与待遇。

管理者对某个员工过分偏爱，会让其他的员工为这种亲密的关系不知所措，一个个问号在脑海中肯定了又否定，否定了又肯定。经过一段时间的折腾之后，他们就会和管理者以及管理者所喜爱的那位员工的距离越离越远。

由于待遇的不平等，机会享受的不公正（至少他们会认为这样），企业的人际关系会变得紧张，员工们会从管理者的偏爱中学会选人所好来加强个人的势力。结果，最糟糕的事情发生了，企业仿佛变得四分五裂，使企业的这股绳结出了许多解不开的"死疙瘩"。

管理者对业绩不太出众或犯过错误的员工存在的成见，与你对业绩好的员工的偏爱一样，对企业的人际关系的和谐，对企业的发展会造成同样的伤害。错误固然是不可原谅的，但管理者不能给这位可怜的员工下"他只会犯错误"或"他根本无法办好此事"的结论。

犯了错误的员工通常都有自知之明，他们在对自己行为检讨的同时也是懊恼不已，管理者对他们的错误归类不仅使得他们的信心又遭受了一次打击，而且他们还会产生破罐破摔的消极情绪，并对企业和管理者产生了极强的敌对抵触情绪，这显然是对企业安定团结存在的一种巨大的潜在危险。

作为一个管理者应该懂得，员工个人的成功与失败是企业荣辱的组成部分。管理者的任务是不断地充实集体的力量，而不是人为地制造分裂。按企业兵法讲：负者一旦被重用，将会拼命到底。管理者应该给予员工犯错的权力，让他们做事时不战战兢兢，"安心"犯错。

第36章　有错误不能乱处理

"小"错误"大"处理，"大"错误"小"处理

在企业管理中，有两种管理方式是要不得的：一是不找员工的错误；一是只知道处理员工的错误。在员工错误的处理方式上面，对于管理者来说，真是一个难题。这个度如果掌握不好，很有可能引来员工的不满和反感，让自己的管理陷入困境。

所以，面对员工的错误要想好最妥帖的方式后再处理，有一种方式就很好，那就是"小"错误"大"处理，"大"错误"小"处理。"小"错误要"大"处理是指对待员工的错误绝不姑息，听之任之；"大"错误"小"处理是指对待员工的错误要适当原谅和宽恕。二者之间并不矛盾，而是互相依附的。这才是正确而高明的管理方法。

现今的管理者在管理员工时都喜欢说的一句话是："你们要尽量少犯错误，更要避免犯更大的错误。"管理者的初衷也许是好的，想让员工用心工作，细心做事，少出纰漏。然而随着管理者的要求的提高，慢慢地就变成了员工只能少犯错误，犯了大错误就要受到惩罚，不可饶恕。因此，企业中会有一些员工，因为惧怕犯错误对自己的工作有坏的影响，于是就宁可不出彩、无功劳也不要犯错误。一些需要员工创新的项目，他会躲得远远的来保全自己。这种"混日子"的工作态度让管理者和员工毫无特色和精神，企业也会跟着"混日子"。管理者也拿这些员工没辙，因为他们不犯大错。

所以对于一些管理者的"小错可恕，大罪不饶"的管理理

念是有很大问题的，这类观念在对员工惩罚时铆足了劲，但在对员工的宽容上极其吝啬。这个不合理的"怪枝"管理理念是需要修剪的。

　　所谓的"小错可恕"的管理理念，实际上是在姑息员工。这种频繁的姑息最终会导致员工的"大错误"，管理者也因为频繁的饶恕变得不得当地宽容了，员工又怎么能变好呢？而那些犯"大错误"的人，都是企业中一些敢于创新、不拘一格的员工，对于这样的员工，管理者过于严厉的处罚就会磨掉他们的"锐气"，让他们也跟着某些"小错"的人随大流，企业又怎么有新的内容充实？一个聪明的管理者，难到要让一些"小错不断，大错不犯"的员工过着舒服的不敢担当、混日子的生活，而让那些"大错敢犯"的员工背着过于严厉的谩骂过着压抑的日子吗？答案当然是否定的，管理者当然不会鼓励"小错不断，大错不犯"的员工尽量别负责任，也不会让"大错敢犯"的员工丧失创新能力，消极怠工。

　　"小错"天天犯的人迟早会酿成"大错"，因为"量变"最终必然会导致"质变"，谁都躲不了。

　　有着百年辉煌历史的爱立信、诺基亚和摩托罗拉称雄于世界的移动通讯业。自 1998 年开始的 3 年里，当世界蜂窝电话业务高速增长时，爱立信的蜂窝电话市场份额却从 18％迅速降至5％，即使在中国市场，其份额也从 1/3 左右迅速滑到了 2％！爱立信在中国的市场销售额不但退出了销售前三甲，而且还排在了新军三星、菲利浦之后。

　　2001 年，在中国手机市场上，大家去买手机时都在说爱立信售后服务如何如何不好。当时，爱立信中国区的员工对需要售后的顾客服务冷淡，工作不负责，甚至有时故意不理睬。这本来只是一个员工态度方面的"小错误"，可是爱立信中国区经理并没有采取正确的方式对待这一错误。

　　"我的爱立信手机的送话器坏了，送到爱立信的维修部门，很长时间都没有解决问题。最后，他们的员工告诉我是主板坏了，并且很不耐烦对我说我的手机已经不值得修了。而我在个体维修部那里，很快就修好了。"这位消费者确切地说出了爱立信员工的不负责态度。那时，几乎所有媒体都注意到了爱立信的售后服务问题，但是中国区经理没有在意。然而，市场从来都不是宽容的，也不给爱立信以"申冤"的机会，就无情地疏远了它。

管理者对"大错不断"的人适当地宽恕，会给企业带来意外效益。

美国通用电气公司的一位部门经理，由于在一笔生意中判断错误，使公司损失了几百万美元。公司上下都认为这个经理肯定会被炒鱿鱼，这位经理也做好了被炒的准备。他去见总裁检讨了错误并要求辞职。总裁杰克·韦尔奇却平淡地说："开除了你，这几百万学费不是白交了。"此后，这位经理在工作中为公司创造了巨大的经济效益。

按理说，这位经理造成这么大的损失开除也不为过，至少在某些管理者那里一定会电闪雷鸣般地大加训斥一顿。然而，杰克·韦尔奇却大度地原谅了他，这样对"大错误"的宽恕，无疑是对部门经理的"馈赠"。部门经理很是感恩，于是就努力为企业带了更大的经济效益而"赎罪"。

所以，"小"错误"大"处理和"大"错误"小"处理对管理者非常受用。

让错误先晾着

莎士比亚在《理查二世》中说过："因为容忍祸根而不加纠正，危险已是无可避免的。"因此，当一个人犯错误就要马上纠正，不然就会铸成大错。管理者对待员工的错误的处理方式也应该如此，错误当然是要处理的，但处理的技巧得掌握好。

格利乌斯说："不得当地纠正别人的错误要比猛烈的谩骂更令人气愤。因为谩骂你的人被看作是有偏见和敌意；而不得当地纠正别人错误是一种强迫，好比往别人的伤口上撒盐，这比偏见和敌意更要不得。"

所以，管理者不能不处理员工的错误，也不能乱处理员工的错误。那么，就在处理错误之前，让错误先晾着。

卡耐基讲到这个问题时，给人们讲述了他用延期处理错误的方式帮助他侄女的事情。

我的侄女约瑟芬·卡耐基来到纽约给我做秘书时，那年她才19岁，从中学毕业刚3年，工作经验等于零，现在可以说她是西方国家最熟练的秘书之一。但是在开始时，只能说她是可以提高的。一天，当我正要批评她时，我对自己说：'稍等一下，戴尔·卡耐基。你在年龄上比约瑟芬大两倍，在工作经验上多一万倍，你怎么能期望她具有你的观念、你的判断力和你的能动性，尽管这也只是普普通通的能力？再稍等一下，戴尔，你在19岁时是怎么干的？记得你犯下的愚蠢的错误、办的傻事吧？记得你做的这个……做的那个？'思考一番后，公正地得出结论：约瑟芬的工作成绩也没有不好，我要等一会儿想好了再去指出她的错误。

因此，每当我想让约瑟芬注意错误时，我常常先等一会儿，然后再说这样的话'你出了个错误，约瑟芬，不过老天知道，这错误并不严重，你也许只要稍微改正一下就可以了'

约瑟芬觉得卡耐基现在还能注意到她以前犯的错误，觉得是在关注她，很欣然地接受了意见，自己主动改正了错误。

卡耐基总结道："如果我让她改正错误的时机正好选在她刚犯完错误，她很可能觉得这是我在针对她，她也觉得很逆耳，那我就先把错误放置一会儿，当她在错误里感到愧疚时再提一下，就很愉快地让她改正了错误。"

美国著名企业家玫琳凯在《谈人的管理》一书中写道："在

意你批评别人的错误是否及时是不对的，而要在意让错发生之后让犯错误的人先有自己对错误的思考，过一会儿，别人也许只需要轻声地提醒就可以改正自己的错误了。这也是我严格遵守的一个原则。不管你犯什么样的错误，都必须要等到对方思考一会儿，等时机成熟，我再给对方指出错误之处，对方都会接受的。"

管理者应该清楚，当员工犯了错误马上指出，员工一般很难接受，他对自己的错误还没有完全地认识到。等到他慢慢意识到自己的错误带来的愧疚，管理者再稍加指正，员工就会轻松地接受并且改正。

心理学研究表明，接受别人对错误的指正最主要的心理障碍是担心别人的指正批评会伤害自己的面子，损害自己的利益。为此，在指正别人错误前要帮助他打消这个顾虑，这样才能让别人接受。打消顾虑比较好的方法是先让他的错误晾一会儿，在他反思的基础上再对他进行适当的指正。

美国内战期间，约瑟夫·胡克是一个英勇善战的战士，但他在伯恩赛德将军指挥兵团时，放任自己的雄心，尽自己的所能阻挠他。他在军事的统治上，甚至有点儿独裁。林肯总统对待这样的一位将军当然得慎重指正他的错误，因为弄不好就会兵乱，对自己的国家无疑是一大灾难。于是他一直等，让约瑟夫·胡克的错误先晾着。当约瑟夫·胡克和伯恩赛德将军发生了巨大的矛盾，甚至兵戎相见时，林肯出手了。因为约瑟夫·胡克在这个时候已经认识到了自己的错误，但是碍于将军的身份一直羞于妥协，这时候林肯的一封信让他没有隐忧，并与伯恩赛德将军在一次宴会上握手归好。林肯说出了他的错误，并让约瑟夫·胡克适当地改变一下性格的冲动，做一名好将军。

林肯总统对约瑟夫·胡克的错误采取了晾一会儿的策略，让他在错误扩大并且自己有所反省时，再指出来。最后，这个鲁莽的将军接受了。而之于管理者，员工可比约瑟夫·胡克要好管理得多，如果管理者也将员工所犯的错误晾一会儿，员工一定能比约瑟夫·胡克要做得更好，反思更快。

有些错误要及时处理

车尔尼雪夫斯基曾经说过："有些错误不及时改正会毁掉一个成功的人。"

员工所犯的一些错误如果得不到及时的提醒，也会毁掉一个好员工。作为管理者，一定要在这个时候对员工的错误及时处理，让员工变得更成熟、更成功，团队也会跟着成熟成功。

1999 年，美国第一大零售商凯玛特开始显露出走下坡路的迹象，有一个故事广为流传：

在 1990 年的凯玛特总结会上，一位员工认为自己犯了一个"错误"，他向坐在他身边的经理请示如何更正。这位经理并没有处理，而是漫不经心地打马虎眼。他又向更上级请示错误的更正方法，而上司的上司也是毫不在乎，于是他又向总经理帕金那里寻求方法，而此时这位员工已经意识到错误已经扩大化了，很难挽回了。一个小小的问题，一直到总经理帕金那里慢慢变成了大问题。帕金后来回忆说："真是可笑，没有人能够积极地将他的错误改正，而是到问题已经无法解决的地步才将问题一直推到最高领导那里。"

2002 年 1 月 22 日，凯玛特正式申请破产保护。

与意识到错误努力去找管理者帮忙改正的员工不同，有些员工就根本没有把自己的错误放在心上或者根本不觉得自己有错误，这时候管理者万万不可视而不见。当员工的错误发展到无法补救的地步，这时候管理者也只能是束手无策了。与其这样，还不如在员工的错误还未酿成大错时候立马掐掉。管理者在员工有犯下大错误的前兆时，就应该指正他，对他说："你这个错误很严重，你应该立马改正过来，我可以帮你。"

在企业的发展过程中，员工总会不可避免地犯下各种错误。出现错误很正常，但错误如果不及时改正，积少成多，很有可能让星星之火烧掉整片森林。

巴西海顺远洋运输公司记载着这样的一个悲剧：

海顺远洋运输公司的一艘大货轮航行在平静的海面上，一副长德曼看到水手理查德手里拿着一个台灯，灯的底座很轻，船晃的时候它很容易倒；二副德曼发现救生筏释放器有问题，就将救生筏绑在架子上；水手戴维斯离港检查时，发现水手区的闭门器损坏，用铁丝将门绑牢；二管轮按特尔检查消防设施时，发现水手区的消防栓锈蚀，自己以为快要到码头，就没有再换；船长麦开姆起航时工作繁忙，没有看甲板部和轮机部的安全检查报告。

机匠丹尼尔发现理查德和苏勒的房间消防探头连续报警。他和瓦尔特进去后未发现火苗，判定探头误报警，拆掉交给斯特曼要求换新的。大管轮斯特曼说自己很忙等会儿再拿过来换。服务生斯科理下午到查德的房间找他，查德不在，坐了一会儿就顺手开了他的台灯。机电长科恩接着发现跳闸了，由于以前也出现过这种情况，便没有多想就将闸合上，没有去查原因。三管轮感到空气不好，先打电话到厨房，证明没有问题后，又让机舱打开通风阀。管事泰斯召集所有不在岗的人到厨房做饭，晚上会餐。

单个的看船员们的行为，是那样的简单和平常，可若干个小错误发生后，船只保安部的部长尼尔一直没有及时去处理，帮船员们改正，最终酿成了一场悲剧。

他在《忏悔录》中写道：傍晚发现火灾时，理查德和苏勒的房间已经烧穿，我们已经没有办法控制火情，而且火势越来越大，直到整条船上都是火，我们每个人都犯了一点儿错误，从而酿成了船毁人亡的大错误，这些船员如果有一个不麻痹大意，如果有一个环节引起足够重视，那么……

　　救援船随后赶来，但是船已经沉没，除了水性极好的尼尔，无一人生还。

　　船只保安部的管理者尼尔在今后的岁月里一直活在悔恨当中。企业的管理者，当然不可能出现像这艘船上这样如此密集的错误，但是员工的小错误也会传染，也需要管理者及时处理。不然的话，当大的错误真正的发生时，管理者不见得还有能力去改正这个错误。

第 37 章　全员老板主义

公司是每个人的

3M 公司是世界上著名的产品多元化跨国企业，该公司素以勇于创新、产品繁多著称于世，在其一百多年历史中开发了 6 万多种高品质产品。追溯 3M 公司的成长历程，了解它是如何将主人翁意识融合到企业员工的血液中的，可以为企业管理者提供一些有益的启示。

3M 公司与其在该行业的主要竞争对手——诺顿公司一开始齐头并进，到如今却形成鲜明的对比。战后一段时间，两家公司规模大致相当，但诺顿公司的组织结构更完善一些；3M 公司当时虽然也是一个正在成长的挑战者，但它只是一个小弟弟。然而到了 20 世纪 50 年代中期，3M 公司的规模已是诺顿公司的两倍；到了 60 年代，已四倍于诺顿公司；70 年代中期，其销售量是诺顿公司的六倍；到 80 年代中期，其销售量是诺顿公司的八倍。90 年代中期，当 3M 公司成为《幸福》杂志最受美国人尊敬的公司排行榜的常客时，诺顿公司已被法国工业巨头圣·高拜恩公司吞并了。

纵观这两家公司的发展史，他们同为规模庞大、多元化经营的公司，但二者分别体现了两种不同的经营理念。当诺顿公司构筑其精细的组织框架和复杂的管理体制以帮助其高层管理者筹划战略、配置有效资源并控制其经营活动时，3M 公司的总裁却与他的经理们讨论他们的主要职能，那就是创造"一种能够培养普通员工主人翁意识的组织环境"，把精力集中于充分挖掘每个员工的潜力。

可以说，3M 公司与诺顿公司管理上最根本的差异是企业文化的差异。3M 公司的发展基石是对员工的主人翁意识的大力培养，其管理者明白，激发员工的能动性需要每一位员工都对自己的工作有主人翁意识。提高员工工作的积极性首先要给员工当家做主的感觉，这样员工才有自我表现的动力。

对一个家庭来说，每个成员都是家庭的一分子，都是这个家的主人，人人都为这个家着想，心往一处想，劲往一处使，这个家就容易兴旺。对一个企业来说，道理也是如此，每位员工都是企业这个大家庭的一分子，企业这个大家也容易兴旺。这就是主人翁意识。

所以，一个企业要获得可持续发展，在市场上具有持久的竞争力，就需要全体员工发挥主观能动性和聪明才智，重视培养每个员工的主人翁意识。

在现代企业中，很多管理者都想当然地认为：企业是我个人的，我才是这里的主人。因此，他们总是把员工单纯地当作为自己创造利润的工具，忽视了员工的主观能动性和创造性思维，结果不仅激起了员工的逆反心理，还常常因为坚持己见而错失很多发展良机。

其实，企业要想做大做强，仅仅依靠两三个人的智慧是不够的，只有充分调动全体员工的主人翁意识和"岗位老板"的责任心，才能最大限度地发挥出员工的潜能，使企业取得突破性的发展。

在具体的操作实践中，企业管理者如何调动员工的主动性，培养员工的主人翁精神呢？

1. 培养员工的"岗位老板"意识

企业管理者在管理中无法做到面面俱到，不能事必躬亲，这就需要管理者在全公司范围内培养员工的"岗位老板"意识，通过开展各种活动教育员工时刻站在老板的立场和角度上思考问题，把公司的问题当成自己的事情来解决。另外，管理者还要将"人人都是螺丝钉，样样都是自家事"的精神灌输到企业员工的头脑中，这不仅是员工个人职业素质提升的重要标志，也是提高企业工作效率的关键所在。

2. 不以年龄论英雄

在企业管理中，很多企业管理者认为年轻人做事浮躁、不可靠、过于急功近利，于是把年龄作为起用人才的一项重要标准，以此来降低用人风险。而事实上，年轻人也有很多年长者不具备的优点和特长：他们年轻有朝气、想法新奇独特、接受新鲜事物能力强；他们敢作敢为、敢打敢拼，且头脑单纯，不工于心计，也不易受条条框框的约束，因此，很有可能会干出一番大事业。最重要的是，年轻人是企业未来的支柱，如果不给其锻炼的机会，一方面会使企业缺乏后备力量，一方面容易使他们没有归属感，导致企业人才流失，这对企业来说是很不利的。

责任感来源于主人翁意识

当我们平时在家里做大扫除，往家里搬东西、装修时，没有人会抱怨，因为这是我们自己的家，我们有责任这么做。当员工把企业当成自己的家，把自己当成企业的一部分时，抱怨和偷懒就会消失，主观能动性和责任感直线增加。归根结底，责任感来源于主人翁意识。

韩国某知名公司有这样一个非常独特的管理制度——一日领导制，即员工轮流当经理，全权管理公司的大小事务。

这些轮流当经理和真正的经理没什么本质区别，拥有一切处理公司事务的权力。他们担任一日经理时，如果发现员工有不正确的地方或需要改进的地方，就必须详细记录在工作日记上，分发给所有员工看，并让大家发表意见。而公司其他的部门经理、主管在收到这一记录文件后，必须根据批评、意见，随时审核、查看自己的工作是否存在记录中所说的失误。所以他们必须竭尽全力，才能在经理这个位置上表现得最好。

自从"一日领导"制在公司实行以后，公司员工的工作状态大为改观，公司的向心力极度增强，而且仅开展后的第一年就节约了近500万美元的生产成本。

让公司的所有员工都试着做一次老板，他们就会对"我是公司的主人，我应该做主人应该做的事情，承担主人翁责任"这一意识有深刻体会。员工有了这种主人翁精神，当企业发展或者自己的工作中出现了"责任空白"的时候，才能够主动地填补责任上的空缺。

在20世纪60年代初，中国发现了一个大油田——大庆油田。当时面对物资和技术的匮乏，中国发动了一场规模空前的石油大会战。一个普通的钻井工人——王进喜，在这场会战中成了当时中国家喻户晓的人物。他的事迹其实很简单，面对许多难以想象的困难，王进喜和他的同事下定决心：即使有天大的困难，也要高速度、高水平地拿下大油田。尤其是在一次危急的油井井喷事件中，王进喜奋不顾身地跳进泥浆池，用身体搅拌重晶石粉，被人们誉为"铁人"——当时并没有明确的制度规定，发生井喷时该由谁承担责任、承担什么样的责任，更没有任何具体的说明，在这种紧急状况下，需要用人的身体在冰冷的泥浆中充当搅拌机的作用。

王进喜这种奋不顾身、不计个人得失的行为正是以极大的"主人翁精神"填补"责任空白"的生动例子。"责任空白"会随时随地出现在企业管理中，我们无法采用面面俱到的规章制度来解决"责任空白"的出现。这时候我们就应当主动发挥主人翁精神，用自己的行动来填补责任上的空白。

珍妮是一家外贸公司的普通职员，负责递交文件、打扫环境卫生、清理垃圾等杂务。工作琐碎且辛苦，不过她总是尽心尽力，没有怨言。

珍妮连续5年上班全勤，无论刮风下雨从未迟到早退，而且乐于助人，年年当选优秀员工。她自愿放弃每两周一次的周六休假，也从未填报加班费。珍妮经过的公司角落，你不会看到不该亮的灯、滴水的龙头，或是地上的纸屑。

珍妮还是公司环境的维护者。清理垃圾时她坚持实施垃圾分类，印坏的纸张或是一些背面空白的废纸，她都裁成小张分给同事做便条纸，其他废纸只要是可以回收的，就一一摊平后与废纸箱一并捆绑卖掉，得到的钱捐给工会。

显而易见，珍妮已经把企业视为自己的家了。她赢得了同事们由衷的敬佩，尤其当拥有高学位的员工抱怨工作不顺时，看到她每天很认真地做事时，也就无话可说了。两年后，珍妮靠着把自己当作企业"主人"或"合伙人"的责任感，在那些学士、硕士们羡慕的目光中被破格提升为总务主任，进入公司中层主管的行列。

珍妮的行为也是一个用主人翁精神填补"责任空白"的例子，在别人抱怨工作不顺利，在工作中出现"责任空白"的时候她并没有懈怠自己的责任，而是尽职尽责出色地完成自己的工作。她的行为还影响了其他人，使公司的工作得以顺利开展。

可见，如果每个人都能够充分发扬主人翁精神，那么企业就不会出现那么多责任缺失的现象了，企业也必然会健康、稳定地发展下去。

第 38 章 "坏话"其实没那么"坏"

"坏话"有时只是被我们想"坏"了

作为一个管理者，常常会遇到这样的烦恼，公司里稍有"风吹草动"就会"流言满天飞"，搅得人心惶惶，无法安心工作。

如果某位员工向你汇报了一些问题，不管你做没做出反应，这位员工都会被冠以"向领导打小报告"的恶名，迅速遭到孤立与排挤。久而久之，再也不会有员工到你这里来反映问题了，令你无法掌握员工实情和公司的真实动态。

但是，所有这些都还不是最令管理者头痛的。"流言满天飞"的终极体现方式是"帮派斗争"，公司的小愤青们三五成群地结成一个个"小帮派"，彼此指责对方的"人品"有问题，天天在背后说别人的坏话、使阴招，破坏公司团结，应该被立刻"请出"公司。

对于这些纷纷扰扰，很多公司的管理者都感到特别头大，不厌其烦，却又想不出什么好招。于是乎，很多管理者干脆做个"黑脸包公"，为大家画上一条不可逾越雷池半步的"红线"——甭管是谁，只要"闹事"各打五十大板，双方都得给我走人。

表面上看，这一招还真灵，"红线"一出立刻"鸦雀无声"。但实际上，所有问题并不是得到了解决，只是转移到了地下而已。公司表面上一团和气，暗地里依然斗得不可开交。既然表面上没事，管理者也乐得睁一只眼闭一只眼，就当作"天下太

— 181 —

平"算了，何苦自个儿为难自个儿呢。

其实，"坏话"往往并不那么"坏"，说"坏话"的人有时候只是想发发牢骚罢了，并不一定有什么特殊的用意。所以，只要你想把它看淡，它就能变淡。

人无完人，金无足赤。不管是关系多好的铁哥们，彼此之间也会有互说坏话的时候。这里的"坏话"并不意味着对对方的彻底否定，甚至有些"坏话"都没有什么恶意，它仅仅代表着一种负面情绪的发泄而已。发泄完了，一切都不会有改变。但要命的是，听"坏话"的人的心理打击可就大了，他们往往会将这种"坏话"无限放大，直到将它变成一颗"原子弹"，彻底炸掉他人与自己。

这就是说"坏话"易，听"坏话"难的道理。举个稍微极端的例子，无论是多爱子女的父母，或者是多孝敬父母的子女，其实一生当中也少不了说对方的"坏话"，有些子女和父母还会经常拌嘴吵架，但这丝毫不会妨碍他们对彼此的爱与感情。这本来就是两码事。弄明白了这个道理，我们就可以对射向我们的那些"明枪暗箭"变得更加释怀，其实好好想想，我们自己也没少向别人"放箭"。只是"放箭"之人轻松，"中箭"之人难受而已。正因为如此，"坏话"这东西一定要小心对待，一定要做到"宽进严出"。

同样，"敌意"这东西也往往被我们人为地"放大"了。实际上，别人对你的"敌意"，往往是来自于你自己。如果你看一个人不顺眼，就会在不经意间不自觉地流露出你的"敌意"，虽然你自己觉得一点儿都不明显，但别人不是傻子，这种"敌意"会准确无误地被对方"捕捉"，从而招来对方对你的"敌意"。相反，就算对方已经对你产生了"敌意"，只要你以诚相待，敞开胸怀拥抱他，就算刚开始时会让他将信将疑，欲迎还拒，假以时日也会化解掉他心中的"敌意"。所以，"他老是看我不顺眼，老是与我为敌"恰恰是因为你对他也是这样做的。只要你先迈出第一步，主动"化干戈为玉帛"，就会发现身边到处都是朋友，每个人看上去都那么可爱。

提升"谣言免疫力"

一句谣言的威力，有时甚至大于一颗炸弹。虽然大家都知道谣言不可轻信，但是如果一旦传入你的耳中，而且还被人不断地向你重复，那么，总会令你心神不宁、心中不快，然后就坐卧不安，终于使你被它牵着鼻子走了。

甚至，谣言还会让一些平时很精明的人糊涂一时。

燕国虽然是个小国，但却有乐毅这样的大将。燕昭王十分欣赏乐毅的贤明和优秀的军事才能，所以和他商量如何讨伐让各国都伤脑筋的齐国。

乐毅分析说："想要伐齐，除了和赵国、楚国、魏国联合作战外，就没有其他的办法了。"燕昭王接受了他的这个建议，派乐毅率领军队联合赵、楚、魏三国的兵力一起向齐进攻，击破了齐七十余座城，齐国仅仅剩下了莒和即墨这两座城池。

可是，正在这时燕昭王去世了，燕昭王的儿子即位，称为惠王。现在的形势是，对燕国来说除了还没有攻陷的莒和即墨两城之外，已经没有值得担忧的事情了。乐毅就把齐国改为了燕国的郡县。同时，他还将齐国的财宝源源不断地运回燕国，使得燕国更加富强。

可是，齐国镇守即墨的将军是机智勇敢的田单，他知道燕惠王刚即位不久，对国事还不能很好地把握，于是，他悄悄地派奸细到燕国去散布谣言说：

"乐毅一直没有把剩下的两城攻陷，是为了延长战事，同时在齐国等待时机，企图在那里自立为王。"

这些谣言果然传到了燕惠王那里。惠王信以为真，派大将骑劫替换了乐毅，骑劫的才能远逊于乐毅，田单使用种种计策，诱使骑劫上当，最后以"火牛阵"将骑劫打败，并乘胜收复了齐国的失地。

燕惠王听信谣言，临阵换将惨遭失败，事后他后悔不已，但是为时已晚，这正是不能"待物以正"的结果。

为何人们那么容易被谣言所蛊惑呢？原因大概是平时就没能对所面对的客观事物有深刻的了解和把握，自身经验不足，心理上又不成熟稳定，所以缺乏辨别是非的能力，一旦有谣言，便信以为真。

其次，有一类人并非是缺乏经验，而是心理素质不够好，如俗语所说："谎言重复一千遍，也会变为真理。"心理上经不住谣言的反复进攻，越来越沉不住气，从而变得焦躁不安，在这种状态下，当然无法冷静细密地思考了，以往的一切经验都将被冲毁。

作为管理者，对谣言有一定的"免疫力"是最基本的能力。如果像燕惠王那样轻信谣言，有才华的员工郁郁不得志，平庸的员工靠谣言就能上位，这对企业来说将会是巨大的灾难。

第 39 章　企业的"生命力" 取决于"执行力"

高效的"奥卡姆剃刀"

在企业行动中，企业管理者需要找到提高执行效率的方法。这个方法就是奥卡姆剃刀。

公元 14 世纪，英国奥卡姆的威廉对当时无休无止的关于"共相""本质"之类的争吵感到厌倦，于是著书立说，宣传唯名论，只承认确实存在的东西，认为那些空洞无物的普遍性要领都是无用的累赘，应当被无情地"剔除"。他所主张的"思维经济原则"，概括起来就是"如无必要，勿增实体"。因为他是英国奥卡姆人，人们就把这句话称为"奥卡姆剃刀"。

大哲学家罗素高度评价"奥卡姆剃刀"，认为其在逻辑分析中是一项最有成效的原则，后来爱因斯坦又将它引申为简单性原则。爱因斯坦就是利用简单性原则的大师，其相对论的构造是如此简单，但对自然规律的揭示却是如此精深。

奥卡姆剃刀定律在企业管理中可进一步深化为简单与复杂定律：把事情变复杂很简单，把事情变简单很复杂。这个定律要求人们在处理事情时，要把握事情的本质，解决最根本的问题。尤其要顺应自然，不要把事情人为地复杂化，这样才能把事情处理好。

2009 年 1 月中旬的一段日子里，在麦迪和阿泰斯特（现改名为慈世平）因伤无法上场后，火箭反而确立了以姚明为核心的战术，并因此固定了首发阵容。最为重要的是，火箭在战术上非常明确，那就是以姚明为核心完成球队的进攻。

火箭的进攻非常简单，就是将球传给姚明，让姚明去单打，如果对方不对姚明进行包夹，姚明就坚决上篮完成单打；如果对方对姚明包夹，姚明就把球分出来传给外线的队友，然后将球由一侧移动到另一侧，这样火箭外线队员就利用对方另一侧防守空虚的机会突破上篮或者远投3分。

1月18日，在与热火的比赛中，姚明12投12中得到26分，命中率达到100％，如此高效让热火抓狂，火箭将姚明的作用发挥到了极致。简单就是美，其实火箭的战术并不用布置得多么复杂，只要发挥姚明的内线统治力，让每个人都能够明确自己在球队中的责任，火箭就是一支实力非常强的球队。

奥卡姆剃刀不断在哲学、科学等领域得到应用，但使它进一步发扬光大，并广为世人所知的则是在近代的企业管理学中。好的理论应当是简单、清晰、重点突出，企业管理理论亦不例外。在管理企业制定决策时，应该尽量把复杂的事情简单化，剔除干扰，抓住主要矛盾，解决最根本的问题，才能让企业保持正确的方向。

1994年2月，美国国家银行发展部的主管吉姆·沙利和约翰·哈里斯召集下属开会，会议的议题是改善领导层、员工和客户之间的沟通与联系，最终目标是使美国国家银行成为世界上最大的银行之一。

为期两天的会议结束之际，墙上挂满了草案、图表和灵光闪现的新主意。总结的时刻到了，约翰拿着记录本站了起来。"我们要说的就是这些，"约翰举着记录本说，"简单就是力量。"他在白板上写下这几个红色大字后，结束了自己的总结。

约翰抓住了提升工作效率的一个关键。无论做什么事情，都应当树立这样一个信念：简单就是力量。

通用电气公司的前任CEO杰克·韦尔奇认为，最简单的方法就是最好的方法。曾任苹果电脑公司的总裁约翰·斯卡利说过,"未来属于简单思考的人"。如何在复杂多变的环境中采取简单有效的手段和措施去解决问题,是每一位企业管理者和员工都必须认真思考的问题。

张强是某电子科技公司的一名测试员。公司新近开通一项新业务,按照以往的惯例,业务开通前不可避免地需要进行大量的业务费率测试、功能测试等。如何最有效率地完成业务测试,并保证尽可能地覆盖现有业务成了他与另一位同事争论的焦点。

同事主张将所有现网的业务都进行一次测试,如果人不够可以加人,测试工作量大概为8小时,这么做的目的在于免得以后出了问题,反过来一看是因为我们没测而承担责任。张强则主张分析业务的系统实现特性,有针对性地进行业务测试。他认为这个业务是原有业务的延续,重新从头进行测试没有什么必要,简单抽测即可,而应该将更多的时间和精力放在业务功能测试等方面,免得出现真正的测试漏项。

最终,经过多次争论,同事最终同意了张强的意见,工作效率比以往的任何测试都提高了一倍。为此,公司领导在全体员工大会上对他们进行口头表扬,号召大家学习他们这种敢于创新、抓住关键环节解决问题的意识和能力。

简化工作是一种提升工作效率的重要方法。它可以帮我们把握工作的重点,集中精力做最重要或最紧急的工作。在高强度的工作条件之下,我们如果不能理清思路,以复杂问题简单化的思路来开展工作,有针对性地解决重点问题,最初制订的各项目标就难以实现。

企业管理者要想充分利用奥卡姆剃刀,让执行高效起来,有以下几种方法可以借鉴:

(1)恪守简单原则,将简单观念贯穿于工作的过程中。

(2)清楚了解工作的目标与要求,可避免重复作业,从而减少发生错误的机会。

（3）懂得拒绝别人，不让额外的要求扰乱自己的工作进度。

（4）主动提醒上级将工作排定优先级，可大幅度减轻工作负担。

（5）报告时要有自己的观点，只需少量但足够的信息。

（6）过滤电子邮件，回邮精简。

（7）当没有沟通的可能时，不要浪费时间。

（8）专注于工作本身。

不及时跟进则前功尽弃

跟进就是跟踪进程，是一个动态过程。在发挥执行力作用时，跟进是执行的核心所在，所有善于执行的人都会带着宗教般的热情来跟进自己所制订的计划。

跟进能够确保人们执行自己的预定任务，而且是按照预定的时间表。它能够暴露出规划和实际行动之间的差距，并迫使人们采取相应的行动来协调整个组织的工作进展。如果情况发生变化以至于使人们不能按照预定计划开展工作的话，管理者的跟进就可以确保执行人员及时得到新的指令，并根据环境的变化采取相应的行动。

管理者可以采用一对一的方式进行跟进，也可以采用小组讨论的形式来收集反馈。二者的区别就在于，在小组讨论的时候，每个参与讨论的人都能从中学到一点东西。持不同观点者之间的争论，使得人们能够看到决策的标准，判断的方式以及各种决策的利与弊。在提高人们判断能力的同时，这种讨论也加强了整个团队的凝聚力。

每次会议结束之后，都应制订一份清晰的跟进计划：目标是什么，谁负责这项任务，什么时候完成，通过何种方式完成，需要使用什么资源，下一次项目进度讨论什么时候进行，通过何种方式进行，将有哪些人参加。如果没有精力对某个项目进行彻底跟进（直到其最终渗透到整个组织的生命当中），千万不要批准这个项目。

如果没有得到严肃对待的话，清晰而简洁的目标并没有太大意义。很多公司由于没有及时跟进而白白浪费了很多很好的机会，同时这也是执行不力的一个主要原因。想一下，你每年要参加多少没有结果的会议——人们花了很多时间进行讨论，但在会议结束的时候却根本没有做出任何决策，更没有得出任何确定的结果。每个人都对你的提议表示同意，但由于没有人愿意承担执行的任务，你的提议最终还是没有产生任何实际的结果。出现这种情况的原因有很多：可能公司遇到了其他更重要的事情，也可能大家认为你的提议并不好。

由于 2001 年经济萧条的影响，美国一家高科技公司的收入遭受了 20% 的下降。公司 CEO 评估了一个重要部门修改后的运营计划书，之后他向该部门主管表示祝贺——因为他们已经成功地改变了成本结构，并有效地降低了成本，但同时他也注意到：企业仍然没有达到自己的投资回报目标。接着他提出了一个可行的解决方案。他刚刚了解了流动性的重要性，所以他建议该部门应该与供应商大力协作，提高存货周转率，从而实现真正的收益。"你们准备采取什么措施?"他问采购经理。这位经理回答说，他可以完成任务，但前提是必须得到工程设计部门的帮助。"我需要 20 名工程师。"经理说。

然后 CEO 转向工程部门副总裁，问他是否能够分配一些工程师来完成这项工作。工程部门副总裁想了半分钟，然后冷冷地说："工程师们根本不愿意听采购部门的使唤。"CEO 盯着这位副总裁，似乎在考虑什么问题，最后他说："我希望你最迟星期一能够抽派 20 名工程师来完成这项任务。"随后他朝门口走去，突然转过身来看着采购经理，说道："我希望你能够设法在你、工程设计部门、我以及制造部门经理之间建立每月的电视会议制度，从而我们可以及时了解采购部门工作的进展情况。"

这位 CEO 做了些什么呢？首先，他解决了采购部门和工程设计部门的冲突，扫除了实现目标道路上的障碍。其次，通过建立一种及时的跟进机制，他确保了每个人，其中包括那位态度消极的工程设计部门的领导，都能够意识到并切实完成自己的任务。而且通过这些行为，他也向公司其他人传达了一个敦促行动的信号。这是跟进的一个较好的范例。

跟进就是跟踪进程，这是将目标变成行动，让行动产生效益的重要步骤。目标确立之后，跟进是基本的保证。放弃了跟进，目标的实现失去了保证，就会前功尽弃。

别让目标只是个"目标"

如果只是单纯地提目标，每个人都能提"一箩筐"，但是不可执行的、不去执行的目标，没有任何作用。目标必须是可执行的，这要求目标不能只停留在企业愿景的阶段，更不能只停留在宏伟事业层面。

一群老鼠开会讨论如何避免被猫捉住的问题，他们定了一个很宏伟的目标，就是派一只老鼠去给猫的尾巴上挂上一个响铃，这样只要猫一走动就会响起铃声，老鼠就能全身而退。结果由于没有任何一只老鼠愿意去执行这个任务，造成计划流产。老鼠依然每天生活在惶惶不安之中。

而猫这边发生了变化，猫的主人是一对夫妻，女主人是一个把猫当作宠物的人，她每天给猫买鱼吃，猫乐于享受这种不劳而获的美食，渐渐对捕捉老鼠失去了兴趣，身子骨也笨拙了许多。但是，老鼠的祸患依然存在，男主人对猫的表现十分不满，时常呵斥它，并扬言要将它扔在街头。这让猫很恐慌，于是它将孩子们召集到身前，说："老娘我身子骨老了，你们看看谁愿意替老娘教训教训那些鼠辈们？"

猫崽们都不说话，它们想着的是："你身子骨老了，但我们也发胖了啊，谁还能跑得动啊。"老猫一看大伙儿的积极性不高，就叹了口气，退了一步说："你们要是觉得勉为其难的话，我们可以换个方法，你们之中谁愿意去和老鼠谈判一下，只要它们保持安静，我就愿意把主人每天买的鱼分给它们一半。"大伙依然不积极，各自忙着找借口，迅速逃离会场。最终，男主人把没有作为的老猫扔到街头。

管理者要将企业目标分解成可操作性的流程、标准和考核的行动计划。不能被执行的目标毫无价值可言。目标必须明确，容易理解和可操作，真正起到发展向导的作用。

一个团队的奋斗目标是团队发展的灵魂，是团队前进的路标。联想集团总裁柳传志曾说："中国有很多优秀的人才。这些人才好比一颗颗珍珠，需要一根线把他们联结起来，组成一串美丽的项链。这根线就是企业的共同目标。这个目标能够引导大家共同去追求、去努力。"因此，团队目标必须明确，而且一旦目标确立，团队所有成员的行为都会自觉地围绕"为了达成目标"而进行。

1962年，山姆·沃尔顿在他的第一家商店挂上沃尔玛招牌后，在招牌的左边写上了"天天平价"。这句话成为沃尔玛的行动纲领，指导沃尔玛为实现这个目标控制成本。

沃尔玛的经营宗旨是"天天平价，始终如一"。它指的是"不仅一种或若干种商品低价销售，而是所有商品都是以最低价销售；不仅是在一时或一段时间低价销售而是常年都以最低价格销售；不仅是在一地或一些地区低价销售，而是所有地区都以最低价格销售"。

正是因为沃尔玛力求商品比其他商店更便宜，这一指导思想使得沃尔玛成为本行业中的成本控制专家，它最终将成本降至行业最低，真正做到了天天平价。

目标具有力量。在新创立的企业中，创业团队更多地感受到"达成目标"作为激励口号的存在，其实，从企业发展的角度来看，目标能够产生巨大的动能。但是，这种动能完全体现在执行中，只有与执行手段对接起来的目标才会迸发出巨大的能量，而那些不能被执行的目标，只能是空架子。

为了确保目标的实施，在推行目标时，企业内的所有人员应注意以下几点：

（1）每人须记住组织的总目标，以及自己的目标与工作进度表。这是有效运用自己的权限、自我控制、努力达到目标的基础。

（2）对于未列入目标中的工作，也应用心去做，而不应只限于自己的目标工作，这样才能有效地完成自己所管辖的全部工作。

（3）除日常管理工作外，各上级主管还须定期与下级和员工接触，根据目标的进展状况进行调整，使整个组织的业务能平衡发展。

（4）对于所发生的特殊情况，如果必须报告上级，应尽量以最快的方式进行报告，使上级能尽快掌握目标执行过程中的特殊变化，以利于做出及时的反应。

（5）除非下属要求上级人员给予指导或协助，否则，工作上的细节应由下属亲自处理，上级应避免做不必要的干涉。

第 40 章 "一抓就死，一放就乱"
是因为领导太笨

管理要有"节奏"

大家都知道抽烟是个坏习惯，很多人都想戒，但真正能戒烟成功的却总是极少数，这是为什么呢？你可能会不假思索地脱口而出：还是毅力不够，抵制不住诱惑呗！

这个答案没有任何问题，但这是个没有经过认真思考的答案，太"官方"。既然抵制住诱惑的毅力绝大多数人都不具备，为什么又有这么多人妄图使用这种"笨方法"去达成目的呢？这是一件不符合逻辑的事情。其实只要把"戒"改成"借"，达成目标就容易许多。

这里有两方面的意思：

一是不要妄图"一举成功"，彻底戒掉。

这不仅是因为一般人很难有这样的毅力，很容易半途而废、功亏一篑，还是因为彻底戒掉一段时间后，如果由于某种偶发原因，如遭到"损友"忽悠或遇到特别大的烦恼事，再度吸上的话，下回再想戒就更难了。如此周而复始，戒烟的难度会越来越大，而心理承受力会越来越差，到最后绝大部分人都会采取破罐子破摔的态度收场：反正早晚都要死，听天由命吧，不耽误今天多抽几根烟。

所以，正确的戒烟方法应该是留有余地，降低门槛。别戒得太猛，给自己留点儿念想，实在想抽的时候就抽上一根。因为心里有了这种念想，反而能够降低吸烟的欲望。

　　这就好比"书非借不能读也"，你到朋友家看到一本好书，阅读的愿望很强烈，你肯定会一目十行地把它看完。但如果你去了书店把书买回家来，你自己也拥有了这本书，你就会不自觉地产生"反正书已经是我的了，什么时候看都可以"的心理。结果就是那本书只能躺在你的书架里，即使布满了蜘蛛网你都不会再多看一眼。

　　戒烟也是一样的，如果你想彻底斩断吸烟的欲望，这欲望反而会越来越强烈，不停地骚扰你的心理防线，令你心神不宁，注意力分散，直到意志力崩溃；相反，如果你给自己留下一点"实在想抽的时候可以抽一根"的念想，因为保存了未来吸烟的可能，吸烟的权利还在一定程度上属于你，反而会让你心安，能逐渐将自己的注意力从吸烟这件事中转移开。

　　因此，为了做到这一点，借烟抽比自己买烟抽强，这倒不是为了省钱。只要不是脸皮太厚的人，总是向别人要烟抽肯定会不好意思；而且如果自己的身上总是揣着烟，也很难控制住自己的烟量。只有借烟抽，才能最大限度地控制自己的吸烟欲望与数量。如此周而复始，吸烟这件事对自己的诱惑力就会越来越小，吸烟量也会越来越少，直至最终彻底戒掉。差一点儿的结果就是虽然量会变少，但一生都无法彻底戒除。其实这也没什么大不了的，减少吸烟量总比戒不了瞎忙活强。这才是一种真正务实的态度。

　　这就是戒烟的"借烟理论"，千万不要小看这个"借烟理论"，它在企业管理当中同样可以派上大用场。

　　我们很多管理者在管理当中往往容易犯"走极端"的错误，致使管理工作中动辄出现"一抓就死，一放就乱"的现象，很多管理手段都是在原地打转，只忙活不出成果。

　　根据"借烟理论"，管理要保持一定的"弹性"和"节奏"，才可以做到"可持续管理"，只有"可持续"的东西才能出成果。反之，任何"不可持续"的东西，总是原地打转儿、周而复始，只会为企业带来人力、物力、财力方面的巨大浪费。

如何才能做到管理有"节奏"呢？

我们的很多管理者在实际操作当中，尽管主观愿望收放自如，但实际操作起来往往会过犹不及，还是摆脱不了"一抓就死，一放就乱"的怪圈，要不就是绷得太紧，要不就是放得太松。

其实，解决这个问题的方法很简单，只要我们的管理者不急于求成，总想"彻底"搞定一切，用"一刀切到底"的方法来进行管理就不会导致管理者自己和员工由于"坚持"的门槛太高而承受了过大"负荷"。我们大部分人都是普通人，持续承受如此高的负荷总有一天会扛不住，到那时一切都会消耗殆尽。所以，既然如此，就别总是"自己跟自己过不去"，要学会随时调整负荷度。只有这样，才不至于过于为难自己和员工，让管理手段能够长期发挥作用，做到"可持续管理"。

调整负荷度也不是乱调整，也要有方法和分寸。一定不要"紧一阵儿，再松一阵儿"，这样做除了依旧会带来"一抓就死，一放就乱"的"原地打转"局面外，还会在员工中间产生一种"狼来了"的心理暗示。员工会对管理手段逐渐适应并麻木：没关系，肯定又是哪个领导脑袋发热了，放心，这次准又是三分钟热乎劲，哥们扛几天也就过去了。

这样的大幅度调整只会白白地令一些好东西流于形式，不能够真正深入民心。因此，调整的"节奏感"一定要小心谨慎地把握好。如有可能，应尽量采取"暗调"的方式，即表面上维护，私下里调整。比如说，管理者可以嘴上很严厉，不留情面，但在实际操作中适当地睁一眼闭一眼就行。但是，为了防止"狼来了"效应的产生，你偶尔也要拿出雷霆手段来震慑一下某些"想入非非"的员工。

总而言之，不管多大的公司，什么样的管理手段，都要掌握好节奏。

掌控好自我表现的"火候"

管理者要让手下的员工心服口服，有时候需要有意无意地"露两手"，自我表现一下。但自我表现并不一定都是好的，有积极与消极之分。两者的界限就在于自我表现的动机和分寸的把握。如果管理者单纯为了显示自己，压倒别人，争个人的风头，甚至以小动作来贬低别人，突出自己，这种表现就失之于狭隘自私，易于令人生厌，使自己成为众矢之的，那就没有什么积极意义可言了。

在交往中，任何人都希望自己能得到别人的肯定性评价，都在不自觉地强烈维护着自己的形象和尊严，如果他的谈话对手过分地显示出高人一等的优越感，那么，在无形之中是对其自尊和自信的一种挑战与轻视，那种排斥心理乃至敌意也就不自觉地产生了。

自我表现最重要的守则便是掌握分寸，不要动不动就孔雀开屏，张扬自我，那样很容易激发别人羡慕和嫉妒的心态，不知不觉为自己树立了敌人。

有很多善于自我表现的人常常既"表现"了自己，又不露声色，他们与别人进行交谈时多用"我们"而很少用"我"，因为后者给人以距离感，而前者则使人觉得较亲切。要知道"我们"代表着"他也参加"的意味，往往使人产生一种"参与感"，还会在不知不觉中把意见相异的人划为同一立场，并按照自己的意向影响他人。

善于自我表现的人从来杜绝说话带"嗯""哦""啊"等停顿的习惯，这些词语可能被看作不愿开诚布公，也可能让人觉得是一种敷衍、傲慢的官僚习气，从而令人反感。

善于自我表现的人，从来也不会表现得特别优越。日常工作中不难发现有这样的领导，其人虽然很有能力、思路敏捷、口若悬河，但只要一说话就令人感到狂妄，因此别人很难接受他的任何观点和建议。这种人多数都是因为喜欢表现自己，总想让别人知道自己很有能力，处处想显示自己的优越感，从而希望获得他人的敬佩和认可，结果却往往适得其反，失掉了在员工中的威信。

我们要做一个现实的自己，做一个自然的管理者，消除内心的浮躁，尽情自然地表现自己，会更受到员工的欢迎和尊重。

自然就是最好地表现自己。

第 41 章　管理的本质是"制度"

企业发展，制度护航

管理学大师德鲁克说："一个不重视公司制度建设的管理者，不可能是一个好管理者。"制度甚至比资金、技术乃至人才更为重要，企业要想做大做强，就必须用完善的制度来护航。

企业制度是企业赖以生存的基础，是企业行为准则和有序化运行的体制框架，是企业员工的行为规范和企业高效发展的活力源泉。一个适合的制度能够给企业带来成功和喜悦，而一个粗糙的制度会给企业带来无穷的失败和痛苦。

很久以前，有五个和尚住在一起，他们每天都分食一大桶米汤。因为贫穷，他们每天的米汤都是不够喝的。一开始，五个人抓阄来决定谁分米汤，每天都是这样轮流。每星期他们每个人只有在自己分米汤的那天才能吃饱。

后来经过研究，他们推选出了一位德高望重的人出来分。然而，好日子没过几天，在强权下腐败产生了，其余四个人都学会想尽办法去讨好和贿赂分汤的人，最后几个人不仅饥一顿饱一顿，而且关系也变得很差。然后大家决定改变战略方针，每天都要监督分汤者，把汤一定要分的公平合理。这样纠缠下来，所有人的汤喝到嘴里全是凉的。

因为大家都是聪明人，最后大家想出来一个方法：轮流分汤。不过分汤的人一定要等其他人都挑完后，喝剩下的最后一碗。这个方法非常好，为了不让自己吃到最少的，每人都尽量分得平均。在这个好方法执行后，大家变得快快乐乐，和和气气，日子也越过越好。

同样的五个人，不同的分配制度，就会产生不同的效果。所以一个单位如果没有好的工作效率，那一定存在机制问题。如何制定这样一个制度，是每个领导需要考虑的问题。

著名的施乐公司负责人曾骄傲地说："施乐的新产品根本不用试生产，只要推出，就有大批订单。"这是为什么呢？原来，他们开发出的任何一款新产品都运用了一种统一的管理模式。这种模式以用户需求为核心，共有产品定位、评估、设计、销售四个方面共三百个环节。通过反馈信息以及对大量数据的不断调整，使产品一经面市就能满足用户的需求。正是凭着一整套行之有效、科学严密的管理程序，百余年来，施乐公司始终是世界文件处理方面的领头羊。

如果企业缺乏明确的规章、制度和流程，那么工作中就容易产生混乱。很多企业都会遇到由于制度、管理安排不合理等方面造成的损失。有的工作好像两个部门都管，但其实谁又都没有真正负责，因为公司并没有明确的规定，结果两个部门彼此都在观望，原来的小问题就被拖成了大问题，最终给公司造成了极大浪费。更可怕的是，缺乏制度会使整个组织无法形成凝聚力，缺乏协调精神、团队意识，导致工作效率的低下。

制度对于企业来说，其根本意义在于为每个员工创造一个求赢争胜的公平环境。所有员工在制度面前一律平等，他们会按照制度的要求进行工作，会在制度允许的范围内努力促进企业效益和个人利益最大化，从而使各个团队在良好的竞争氛围中实现绩效的突飞猛进。制度为员工的行为画出了规矩方圆，使员工知道哪些行为是被允许的，哪些是被禁止的。

制度不是"死"的

企业制度制定后并不是一成不变的，不管多好的制度都不可能永远奏效。任何制度的确定都很难一次做到完美，在执行的过程中还应根据市场的需要和商业环境的变化而进行不断调整。如果在执行过程中发现问题，要及时对制度进行修订，使制度更加完善。企业的制度如果不能随着环境的变化而有所改变，制度不仅会失效，甚至会起到反作用，企业将会被淘汰。

台塑公司是中国著名的企业集团，它的成功很大程度依赖于严格的制度化管理。像台塑这样一个人员庞杂、事务繁多的大型企业集团从人到事都很复杂，如果没有严格有效的管理制度，便会像一盘散沙，难以有所成就。

而台塑的董事长王永庆则依靠严明的规章制度，不仅把台塑管理得井然有序，而且各部门相互协作，相互配合，成为一个有机体，生生不息，蓬勃发展。

制度化管理是世界上知名大企业成功的最宝贵的经验。台塑的管理制度从无到有，再到今天达到完备的程度，都是由王永庆和他的幕僚们经过艰辛的劳动和沉痛的失败打击之后，一点一滴地不断积累起来的。

王永庆对工作中的细枝末节研究得非常透彻，这样他对整个企业从细节到全局把握得都很准确，在这个基础上，他对工作中涉及的事情尽可能详细地研究、讨论，制定最合理的操作规程，像燕子垒巢那样，一口一口地衔来泥土垒成的。

台塑规章制度的设立遵循三个原则：第一，必须切实可行，不能不切实际、好高骛远、不着边际。第二，使各项工作都有法可依。遵照这些规章办事，既能提高整体协调性，又能提高工作效率。第三，必须做到公平、合理，为所有员工提供一个公平的竞争环境。

台塑实施制度化要达成以下目标：第一，为员工从事生产和经营提供操作规范和合理的工作步骤。第二，使工作的数量和质量在考评上有法可依，从而为管理者对员工的考核和评价提供方便。

台塑在最初实施制度化管理时由于没有经验，"摸着石头过河",不仅速度慢,而且时常出错,造成了不少损失。但是,他们不怕失败,从哪里跌倒了,就从哪里爬起来。并通过失败不断总结经验,修正错误,终于建立起了这套世界闻名的极其完备和合理的管理制度。

如今,台塑的管理制度是一种什么状况,达到了何种程度呢?用台塑人的话来说,就是"要想在台塑舞弊,无异于从12层高的楼顶上跳下去捡一块金砖,其结果必定是粉身碎骨。"台塑的管理制度从建立至今,经过一而再、再而三的修改,已经被国内外专家公认为是最完善的了。然而面对不绝于耳的赞誉之词,王永庆总说,台塑的管理制度还不够健全,台塑的明天将比今天更加美好。

再完善、再有效的制度,如果将其束之高阁,不去推行,也没有用,就跟没有制度一样;但是再不完善的制度,如果得到切实的贯彻执行,在实践中不断地发现问题并及时修改,最后也会逐渐完善起来。台塑就是基于这样的认识,首先致力于推行,让实践去证明这项管理制度的优劣。任何一项制度,能否真正得到贯彻执行,关键是看管理者的决心,如果管理者"铁了心"、全身心地投入,那么即使有再大的困难,也会取得最终的成功。

台塑的管理制度,在开始执行的时候,像所有的新生事物一样,面临着来自方方面面的敌视、怀疑、排斥和阻挠,但王永庆是个下定了决心就决不后退的人。他像培育幼苗一样,精心抚育这项新生事物,促使它尽快发展和成长。台塑的"午餐会报"最初就是为了配合管理制度的有效推行而开展起来的。

在"午餐会报"上,王永庆对于各项制度的贯彻执行进行连珠炮式的轮番"轰炸",尤其在细节问题上常把主管们出其不意地问倒。对于在"午餐会报"上表现不理想的主管,王永庆会毫不留情地予以撤职或调换。在这样的压力和鞭策下,谁敢不身体力行地去推行这些管理制度?

　　另外，台塑由于下属企业多，人员复杂，光靠王永庆的力量是不能面面俱到的。为了使各项管理制度真正深入人心，渗透到企业的各个角落，台塑在 1973 年正式成立了"总管理处总经理室"作为王永庆的耳目，追踪和督促各单位、各部门的执行情况，随时向王永庆汇报。这样，经过漫长而艰辛的 6 年时间，这些管理制度终于在 1979 年初见成效，发挥了较大的作用。

　　王永庆和他的幕僚们并没有因此而沾沾自喜，举步不前，他们深知万事万物都在发展变化，各种情况瞬息万变。初步的成效只是"小荷才露尖尖角"，绝不能从此高枕无忧，任其自由发展。于是他们在推行该制度的实践中不断地进行深入、细致的检查，一旦发现不合理之处，就马上对症下药，通过研究找出切实可行的改进办法，做出修改后再进行贯彻；然后再发现问题，再做修改……这样周而复始，循环不止，使制度不断地趋于完善。

　　王永庆永远不满足他所取得的成绩，"已有的，已是过去；欲求的，还有征程"。在他的眼中，台塑的管理制度永远不会是最好的。正是靠着这种精神，台塑人从一个胜利走向另一个胜利。

　　分析台塑规章制度的三原则、制度化管理要达成的目标就可以看出，详细周密的管理制度实质上是"一切合理化"在管理中的实际应用。科学地制定制度，有效地执行制度，灵活地运用制度，不断地完善制度是企业成功管理的本质，也是企业蓬勃发展的保障。

第 42 章 "搭便车"是一门学问

管理也可以"搭便车"

2000年9月，蒙牛在和林生产基地树起一块巨大的广告牌，广告画面呈现的是万马奔腾的景象，非常壮观。上面写着"为内蒙古喝彩"，下注：千里草原腾起伊利集团、兴发集团、蒙牛乳业，塞外明珠耀照宁城集团、仕奇集团，河套峥嵘蒙古王，高原独秀鄂尔多斯，西部骄子兆君羊绒……我们为内蒙古喝彩，让内蒙古腾飞。

蒙牛把竞争对手伊利集团排在广告牌的首位，自己却委身中流，这种谦虚的态度减轻了来自各竞争对手的压力。同时，蒙牛的这种宣传策略也使自己与知名乳业品牌并列同一阵营，沾了知名乳业品牌的光。这种跟随市场老大的策略在国外已有先例。

20世纪50年代末期，美国的佛雷化妆品公司几乎独占了黑人化妆品市场，同类厂家始终无法动摇其霸主的地位。佛雷公司有一名推销员乔治·约翰逊邀集了三个伙伴自立门户经营黑人化妆品。伙伴们对这样的创业举动表示怀疑，因为他们的实力过于弱小，这像是拿鸡蛋往石头上碰。

约翰逊说："我并不想挑战佛雷公司，我们只要能从佛雷公司分得一杯羹就能受用不尽了。"当化妆品生产出来后，约翰逊就在广告宣传中用了经过深思熟虑的一句话："黑人兄弟姐妹们！当你用过佛雷公司的产品化妆之后，再擦上一次约翰逊的粉质膏，将会收到意想不到的效果！"这则广告貌似推崇佛雷的产品，其实质是来推销约翰逊的产品。通过将自己的化妆品同佛雷公司的畅销化妆品排在一起，消费者自然而然地接受了约翰逊粉质膏，公司的生意自然蒸蒸日上。

蒙牛跟随伊利、约翰逊跟随佛雷公司都属于"搭便车"，但都收获了非常棒的效果，这种方法非常值得企业管理者借鉴。比如管理者可以学习微软公司、苹果公司、可口可乐公司这些世界级大公司的管理制度，针对自身的情况稍加改动后运用到所在的企业中，并且告诉员工这些管理制度的来源。有"微软""苹果"这些响当当的牌子，就算员工对新制度有抵触心理，也会在心里说"人家微软和苹果的员工都是这么规定，肯定是有道理的"。其实管理者根本没做什么，只是借了这些大品牌的"东风"，制度推行的阻碍就无形中减弱了很多。

"搭车"要找贵人

据统计，在现代企业中，有90％的中、高层领导有被贵人提拔的经历，80％的总经理要得贵人赏识才能坐上宝座，自行创业成功的老板100％受恩于贵人。没有人可以只靠自己的力量就能取得成功，烈日当头，为自己找到一棵乘凉之树，可以避免很多不必要的挫折与烦恼。

无论是借他人之力，还是借名人的声望，这些"借"都能缩短自己的奋斗时间，是典型的"搭便车"行为，而那些助我们成事的人便可称为我们的贵人。在现实生活中有很多种贵人，他们或者能够为我们指点迷津，或者在关键时刻助我们一臂之力，总之，以各种各样的方式提供给我们更多的便利和帮助。贵人可能是学识渊博者、德高望重者、有钱人，也可能是公司里身居高位的人、令掌权人物崇敬的人，等等。他们的经验、专长、知识、技能等在某个圈子里"名头"响，说话管用，让贵人扶上一把，有时可以省很多力。

晚清商人胡雪岩，他可以说是富可敌国，仔细研究一下他成功的秘诀，很容易发现他之所以获得惊人的财富，归根结底就在于他找了两棵坚实的"大树"。一个是王有龄，此人在他创业之初给了他很大的关照和帮助。在地方上，胡雪岩依靠王有龄的权势，获得了大量的订单和机会，生意越做越大。另一个则是左宗棠，左宗棠以战功谋略闻名，权高位重。这使胡雪岩有了更加强有力的靠山。正是有了这两棵"大树"，胡雪岩驰骋商场，获利颇丰。

类似的事例不胜枚举：如果没有肯尼迪的帮助，克林顿不会弃乐从政，并当上美国总统；如果没有吉米·罗思的影响，安东尼·罗宾就不会成为世界上演讲费最高的成功学大师之一；如果没有曾国藩的提拔，李鸿章很难摆脱早年屡试不第、郁闷失意的困境，翻开宦海生涯的新一页……

种种事实表明，一个人要想迅速成就一番大事业，光靠自己一方面的力量是不够的。要善于为自己寻找一个贵人，借贵人之力成就自己。

不过，一棵可以依靠的大树并不是轻易就能够得到的，这需要时间，因为虽然你看上了某个靠山，对方却不一定愿意提拔你、照顾你。你必须在和他的往来之间，让他了解你的能力、上进心、人格、家世和忠诚，也就是说，要他能够信赖你！这就需要一个过程，而这一过程可能需要半年、一年，甚至更长时间，而你不仅要好好表现，还要在难熬的岁月中等待机会，应付"大树"对你的考验。

老江创业多年，然而命运似乎总是在跟他开玩笑，辛苦奔波却收获甚微。一次，他所在的城市要进行基础设施建设改造，他感到这个机会难得，可是同一个城市里符合要求的公司多达十几家，怎样才能获得这个机会呢？他绞尽脑汁，针对专门管理此工程的负责人想出了一个好点子。

该负责人有个习惯，每逢周末都要到郊区的鱼塘钓鱼。于是老江探明地点，带上渔具，跑到该鱼塘。他先在旁边看着负责人垂钓，每当负责人钓上鱼的时候，老江都表现出很羡慕的样子。负责人自然就觉得很得意，看见老江带着渔具却没钓鱼，便好奇地询问。老江装作不会钓鱼，借机请教。负责人一下觉得遇到知音，便告诉老江一些钓鱼的窍门。两人越聊越投机，不知不觉就谈到了各自的职业。老江装出一副很委屈的样子，说着自己的行业竞争何等激烈，向负责人大吐苦水。等到负责人表露身份的时候，老江也就顺理成章地提出了要求。

可想而知，老江的公司自然拿到了工程招标，从此以后老江的事业上了一个新台阶！

人生路上充满了艰辛与坎坷，光靠一个人的努力有时难以应对。因此，找到一棵可以遮风避雨的"大树"，进可以攻，退可以守，有了坚实的后盾做靠山取得成功也就易如反掌。但当你找到自己的"靠山"与"乘凉之树"后，不能完全倚仗他人来生活，还得不断努力，你只是利用一下他人给你提供的条件罢了。

第43章 要"原则性"还是要"灵活性"

坚持与妥协

在生活中，我们经常可以看见这样一种人，他们仿佛浑身上下都是"原则"，我们随便说一句话都可能会触动他们的"原则"，他们会马上摆出一张脸跟我们讲道理，俨然就是"正义"的化身。但是具有讽刺意味的是，这些人往往在现实生活中最容易四处碰壁，常常撞得头破血流、自怨自艾，成天发牢骚、抱怨世道不公。

原则多不见得是一件好事，太多的原则往往意味着灵活性的匮乏，这些"原则"就像一个枷锁把人拴得死死的，动弹不得。这个世界是复杂多变的，什么样的人都有，不可能每件事都满足你的原则，让你每天都舒舒服服、心情愉快地做事。

所以，不要有那么多的原则。一个人事事都讲原则，就等同于没有原则。而且一个浑身上下都充满了原则的人，虽说看起来好像非常"硬"，实际上极为脆弱，就像一块玻璃一样易碎，这样的人极易受到伤害，从而表现出敏感而易怒的性格弱点。

有位管理学大师说过，管理的最高境界其实就是两个字——妥协。

这里的"妥协"不是不讲原则的乱妥协，而是在不妨碍最终"大原则"的基础上，为了达成最终目标而主动放弃一些无足轻重的"小原则"，实行"求大同、存小异"的一种有意义的妥协。只有这样，才是对那个最终目标负责任的态度。否则就是"固执"，而"固执"就会使人拘泥于一些无关痛痒的"小原则"不能自拔，致使最终目标受到伤害。这就是典型的丢了西瓜捡芝麻。因此，对"小原则"的妥协，恰恰是对"大原则"更好的"坚持"，这才是"妥协"的真正意义所在。

既有原则性又有灵活性是一个管理者必备的素质。只讲"灵活"不讲"原则"失之滑头；反之，只讲"原则"不讲"灵活"则失之僵硬。

有原则的灵活

企业管理者在处理与别人的关系时，要懂得变通之道。如果自己的主张与别人有分歧，要避免与别人发生正面冲突，兼顾灵活性和原则性，既办好了自己的事，又处理好了与别人的关系。而处理与员工的关系时则更要强调灵活性，要多从员工的角度考虑事情，未雨绸缪，把事情办得顺应人心。

曾国藩是晚清最有实力的大臣。他一方面靠自己的忠心，消除了朝廷的顾忌，敢于向他放权。另一方面，他同时尽可能地扩大自己的权势，即使朝廷有顾忌，也不敢轻举妄动，但是清朝毕竟是满洲贵族的天下。为了防止曾国藩离心离德，朝廷在重用曾国藩、胡林翼等人的同时，也安插了湖广总督官文、钦差大臣僧格林沁等满蒙贵族钳制他们。对此，曾国藩心知肚明。为了消除朝廷的疑忌，太平天国刚刚被镇压下去，他就下令将湘军大部分裁撤。

同治三年（1864年），正当曾国藩分期分批裁撤湘军之际，僧格林沁及其马队被捻军在湖北牵着鼻子走，接连损兵折将。清廷万般无奈，命令曾国藩率军增援湖北。朝廷的这次调遣对湘军非常不利，所以曾国藩的态度也十分消极。其一，攻陷天京以后，清廷咄咄逼人，大有卸磨杀驴之势，曾国藩不得不避其锋芒，自翦羽翼，以释清廷之忌，为此曾国藩也满腹愁怨；

其二，僧格林沁骄横刚愎、不谙韬略，向来轻视湘军。此时，曾国藩正处在十分无奈的两难之中，他只好采取拖延之法。

曾国藩十分清楚，僧格林沁大军在黄淮大地上穷追不舍，失败是注定的，只是早晚的事。因此，曾国藩按兵不动，静坐江宁，观其成败。

果然，高楼寨一战，僧格林沁全军覆没，这位皇亲国戚竟然被一个无名小辈杀死。捻军声势更加浩大，咄咄逼人。朝廷不得不再次请出曾国藩，命他办直隶、河南、山东三省军务，所用三省八旗、绿营地方文武员弁均归其节制。两江总督由江苏巡抚李鸿章署理，为曾国藩指挥的湘军、淮军筹办粮饷。这本是曾国藩预料之中的事，当接到再次让他披挂出征以解清廷于倒悬之急的命令时，他却十分惆怅。在这瞬息万变的政治生涯中，他很难预料此行的吉凶祸福。因此，还是采用拖延之法。

当曾国藩接到"赴山东剿捻"的旨令时，他明白清廷的着眼点是在于解救燃眉之急，确保京津安全。这是清廷的一厢情愿，而此时曾国藩所面临的出征困难却很大。湘军经过裁减后，曾国藩北上剿捻就不得不仰仗淮军。曾国藩心里也清楚，淮军出自李鸿章门下，要像湘军一样做到指挥上随心所欲，是很难的。另外，在匆忙之间难以将大队人马集结起来，而且军饷供应也不能迅速筹集。

曾国藩做事向来是未雨绸缪，对于清廷只顾解燃眉之急的做法，实在难以从命。况且，一个时期里朝廷处处防范，若继续带兵出征，不知还将惹出多少麻烦。因此，他向朝廷推辞缓行。

尽管他向清廷一一陈述了不能迅速启程的原因，但又无法无视捻军步步北进而不顾。正在其左右为难之际，李鸿章派潘鼎新率鼎军十营包括开花炮一营从海上开赴天津，然后转道赴景州、德州，堵住捻军北上之路，以护卫京师，给曾国藩的准备和出征创造了条件。这样，经过二十几天的拖延后，曾国藩才于六月十八日登舟启行，北上剿捻。

正是通过拖延的办法，曾国藩赢得了应付事态的时机，也避免了与朝廷的直接冲突，能够在骑虎难下，进退维谷之际，促使或者等待事态朝有利于自己的方向发展，于万难之间做到了游刃有余。

管理者在工作中遇到左右为难之境时，也要尽力灵活处之，可拖延的就拖延，能躲避的就躲避，需求助的就求助，该投靠的就投靠，就是不能傻乎乎地坐以待毙。

第 44 章 "模糊管理"要"清晰运用"

"含糊其辞"也是一种技巧

对于一些话题比较尖锐的事情，最好使用模糊语言，给对方一个模糊的意见，或者多用一些"好像""可能""看来""大概"之类的词语，显得留有余地，语气委婉一些。

例如，当学生在课堂上回答不出问题时，作为老师一般不应这样训斥学生："你怎么搞的？昨天你肯定没复习！"而应当用模糊委婉的语言表达批评的意思："看来你好像没有认真复习，是不是？还是因为有点儿紧张，不知道该怎么说呢？"而且应当进一步提出希望和要求："希望你及时复习，抓住问题的要领，争取下次作出圆满的回答，行不行？"这样给了学生面子，也能达到好的效果。

鲁迅曾经讲过一个故事，说一个人去祝贺别人孩子的满月。有的说这孩子将来一定会当大官，有的说这孩子将来一定会发大财。他说了句"这孩子将来也是会死的"，于是遭到了在场人们的一致痛打。说当大官、发大财都未必，说死是必然，所以应该这样说："啊呀！这孩子呵！您瞧！多么……哈哈！"

阿根廷著名的足球明星迭戈·马拉多纳所在的球队在与英格兰队比赛时，他踢进的第一个球是颇有争议的"问题球"。据说墨西哥的一位记者曾拍到了他用手拍球的镜头。

当记者问马拉多纳那个球是手球还是头球时，马拉多纳意识到倘若直言不讳地承认"确实如此"，那对判决简直无异于"恩将仇报"（按照足球运动惯例，裁判的当场判决以后不能更改），而如果不承认，又有失"世界最佳球员"的风度。

马拉多纳是怎么回答的呢？他说："手球一半是迭戈的，头球一半是马拉多纳的。"这妙不可言的"一半"与"一半"，等于既承认球是手臂打进去的，颇有"明人不做暗事"的君子风度，又肯定了裁判的权威。

用模糊语言回答尖锐的提问是一种智慧，它一般是用伸缩性大、变通性强、语意不明确的词语，从而化解矛盾，摆脱被动局面。

一个年轻男士陪着他刚刚怀孕的妻子和他的丈母娘在湖上划船。丈母娘有意试探小伙子，就问道："如果我和你老婆不小心一起落到水里，你打算先救哪个呢？"这是一个老问题，也是一个两难选择的问题，回答先救哪一个都不妥当。年轻男士稍加思索后回答道："我先救妈妈。"母女俩一听哈哈大笑，脸上都露出了满意的笑容。"妈妈"这个词一语双关，使人皆大欢喜。

我们在听政府发言人谈话，或者看一些文件、公报的时候，常常觉得平淡无味。其实这些语言往往蕴含着非常尖锐的意思，只是用了一些模糊化的词语，让它显得"平淡"了一些而已。

管理者在一些交流场合，尤其是在一些比较正式的会议场合，经常可以碰到一些涉及尖锐问题的提问，这些提问不能直接、具体地回答，又不能不回答。这时候，说话者就可以巧妙地用模糊语言表达自己的意见，让当事双方都不感到太难堪。

脑子清晰才能"模糊管理"

管理说到底是管人，人是复杂的、感性的，没法像做数学题那样一就是一，二就是二。管理活动中的许多问题都属于复杂问题，具有模糊性质，这时就需要运用到模糊管理。

模糊的定义是泛指反映事物属性的概念的外延不清晰，事物之间关系不明朗、难以用传统的数学方法量化考察。模糊思维是人脑的一种思维方式，被誉为"电子计算机之父"的冯·诺依曼在 1955 年曾指出，人脑是一台"计算机"，它的精确度极低，只相当于十进制的 2~3 倍，然而它的工作效率和可靠程度却很高。

现代管理活动系统涉及因素众多，这些因素之间的联系多向交错，性质多样，使得事物与事物之间的关系不明朗、不清晰，这些联系和关系又处在瞬息万变之中，人们对这些联系和关系及其变化的判断又受人的感觉、感情、非理性因素的影响，因而使管理者所要处理的许多问题都具有模糊性质。

为了使领导活动中许多模糊概念明朗化，模糊关系清晰化，使领导在处理具有模糊性质问题过程中处于主动地位，管理者应当了解掌握模糊思维艺术，以增强解决各种棘手问题的能力，善于正确地处理日常出现的各种复杂问题。

模糊思维方法最根本的特征是，在模糊条件下取大取小原则，即利益最大，受害最小。这是模糊思维方法的灵魂。掌握模糊逻辑，在坚持原则的前提下，以"难得糊涂"的思维方法去灵活处理模糊问题。下面介绍几种运用模糊思维的艺术。

（1）处理模糊性问题中的"粗"与"细"的艺术。

对于重大决策、原则问题，管理者须细细调查研究，分清是非，决断处理，但对许多具有模糊性问题的处理，粗比细好。实际上，对于众多情况下的模糊性问题，诸如各单位的具体问题，常见的管理团队不团结问题，下属间隔阂、积怨问题，员工中存在的各种情绪问题等，采取"宜粗不宜细"的模糊方式去处理，其效果往往胜于精细深究一筹。

（2）处理模糊性问题中的容忍与原谅的艺术。

面对重大原则问题，管理者必须旗帜鲜明地严肃处理，对管理团队内部、上下级之间、员工之间，许多具有模糊性的问题则以容忍、原谅的态度去处理，这样才能达到管理的目的。"金无足赤，人无完人"，表示人处在"绝对好"与"绝对坏"之间的某种状态，皆有优点与缺点，这与模糊思维逻辑相一致。既然如此，管理者就应当容忍他人的缺点，原谅他人的过失。著名心理学家斯宾诺莎说："心不是靠武力征服，而是靠爱和宽容大度征服。"

（3）处理模糊问题中的拖延与沉默艺术。

管理者处理重大、紧急情况，明朗的问题无疑应果断、坚决，态度鲜明，但在处理某些模糊问题时，则可以采用拖延与沉默的艺术，能推则推。比如对"可做可不做的事"、"可开可不开的会"、"可发可不发的文件"有意拖延，不会影响大局，反而会大大提高领导工作的效率，这就是拖延的艺术。对"可管可不管的事"，对"可说可不说的话"，保持沉默，效果反倒更好。古希腊作家普卢塔克说："适时的沉默，是极大的明智，它胜于任何言辞。"

所以，在管理工作中，处理具有模糊性的工作或问题时，需把原则性和灵活性结合起来。原则性是质的体现，它是确定的，但是在一定条件下它又是模糊的，须通过灵活性为其镶上一圈"模糊的灵光"。灵活性是量的体现，它是不确定的，须在原则性形成的质的磁场中为其排定"是"与"非"的方向。

如何说不想说的话

虽说当领导就要敢说话，不怕得罪人，但所有话都直说也是不行的，说那些比较难说的话的关键，就是要委婉、诚恳，尽量减轻对下属的打击。

有时，有些话虽然并不过分，也没有什么不正当的意图，但做领导的还是很难说出口。比方说，告诉下属被降职了、解雇了；下属辛辛苦苦拟好的计划书被你否决了；下属向你提出了很好的建议,而你却由于疏忽大意或工作繁忙忘记审阅了,下属向你催问时,你该如何回答?

1. 提案被耽误

领导接受了下属的提案,并且满口答应"看一看",而过了一段时间后,还没有看。下属希望得到一个完满的答复,而问领导:"那个提案,您看过了吗?您觉得怎么样?"在这种情况下,应该直率地说:"我现在很忙,实在没有时间细看。不过一周之内一定会给你一个满意的答复!"而且,最好在约定时间之前,主动答复。

下属一定会被领导的主动热情所感动的。尤其是当答复是否定时,更应由领导主动加以说明,表示领导的确认真对待他的提案,是有诚意的,而不是草草应付了事。如果提案需递交给更高一级的领导,而该领导没有明确答复时,最好能说明自己已经递交给了上级。

2. 变更计划

要更改已经通过的计划,该如何向下属说明?万万不能对下属说:"不关我的事,都是经理一人说了算,我也没办法!"这样把责任转嫁给领导,自己暂时没问题了,但下属会对领导产生怨气。或者一旦下属明白你是在推卸责任,肯定会对你产生极大的反感,你自己的威信也肯定会降低。

也不应该为了防止下属反对,而用高压手段制止对方开口。这样做会使下属心里留下疙瘩,对领导不满,也会对工作不满,这是最不明智、最不可取的做法。正确的方法应情理兼顾,善意地说服他,才能使下属真正地心服口服,不会丧失工作的积极性。

3. 解雇或降级通知

领导们最不希望从他口里说出的坏消息就是告诉员工从明天起就将失去自己的工作。事实上,解除雇佣关系无论对员工还是对老板来讲都会带来一种精神上的不安。许多管理人员都承认，他们总想延缓这种冲突和矛盾，希望出现奇迹或者情况有所改变，甚至希望雇员主动提出辞职。

不得不解雇某个人确实是压在领导肩膀上的重担，但在现代竞争激烈的环境中，有时你不得不这样去做，因为公司必须考虑到它的费用及每个员工对公司的价值。当你对某位员工说"我们必须让你走"时，你往往有一种负罪之感。因为你觉得此员工落到这一步你也有责任。有时你会觉得这位员工的失败也是自己的失败，你也许会说："首先我不应该雇佣他。"或者说："如果我在培训的时候做得很好的话，我应该看到出了什么问题，然后帮助他。"

总之，不管你多么不情愿解雇员工，都必须正视这一难题，所以你必须学会如何解雇员工。这是很重要的一种技巧。

一家工厂的老板在谈到他所知道的一个讲话极讲究策略的人的时候，是这样说的："他就是在我第一次参加工作把我解雇的那个老板。他把我叫了进去，对我说：'年轻人，要是没有你，我不知道我们以后会怎么样。可是，从下星期一起，我们打算这样来试一试了。'"

有时候，公司人事调动，下级被降职，或是调到分部，或是被打入"冷宫"，委派他去干一些鸡毛蒜皮的小事，总之不再受到领导的重视了。领导这时有责任通知他，并且要耐心安抚，尽量使他能保持积极愉快的心情前往新岗位就任。

第45章 公私关系有尺度

"公交"与"私交"

每一个管理者都要面对一个两难课题，那就是如何处理"公交"与"私交"的关系。

所谓"公交"，就是做任何事都严格遵守规章制度，秉公办事、铁面无私；而"私交"就是人们常说的"非正式场合的沟通"，是"私底下"的"交情"。

一个不合格的管理者总会轻易地"任选一边"，要么就是完全公事公办、铁着面一刀切，一点儿情面都不留；要么就是完全哥们义气，跟下属打成一片，在员工面前树立起一个"仗义"的"老大哥"形象来取得威信、团结和执行力。

这两种方法都有明显的弊端，当一个"铁面判官"的弊端是：员工的心态会变成这样——好了，既然你这么狠，我怕了你了还不行吗，你在的时候我肯定好好干，做个样子，只要你背过身去，我该怎样还怎样；不止如此，如果你实在太招我烦的话，趁你不注意我还要捣点儿乱，给你添点儿堵。

与之相反，当"老大哥"的弊端是：员工的心态会如此——既然你这么讲义气，为了大哥小弟绝对两肋插刀。不管你在不在身边，只要是大哥交代办的事绝对不打折扣地执行，员工的执行力会比较高。但是，并不是所有员工都能拿捏好分寸，既然已经是"哥们"了，有时候有些"小弟"难免会"搞混了角色"，没大没小、嬉皮笑脸、蹬鼻子上脸，也有可能不把你的话当事了。因为"反正我吃准了大哥不会把小弟怎样，咱俩什么关系？难不成你会给我小鞋儿穿"？遇到这种情况当"大哥"的只能一脸无奈，哭笑不得。

这对每一个管理者来说都是一个两难的课题。不过解决起来其实也很简单，六四开，"公"六"私"四是最好的。这样做就是既有"原则性"又有"灵活性"，原则性太强，灵活性太弱，则失之"僵硬"，反之则失之"滑头"。这个分寸感的把握，实在是一门大学问。

"公交"能得"人"，"私交"能得"心"。如何"人""心"共获，决定了一个管理者事业空间的可能性。

积极与老板发展"私交"

有些管理者年轻有为，但个性过于强烈，不屑于"拍马屁"和"屈服于权贵"，事实上和老板保持良好的私交并不是"拍马屁"和"臣服"之举。这是一种正常的、必要的互动。虽然老板雇你来是为了帮他管理公司，只要把该干的活干好就可以了，但如果你能和老板成为朋友，你的工作开展将会顺利得多。同样，你的职位也会比别人更加稳固一些。

在电视剧《潜伏》里，为了获取更多的情报支持革命事业，余则成就必须得到军统天津特务站副站长的职位。这个位子只在一人之下，一旦成为副站长，他的潜伏工作也就会更加自如一些。所以，为了能上位，余则成利用副站长的另外两位候选人陆桥山、李涯之间的隔阂，旁观二人斗法而坐收渔利。除了这些手段，余则成还抓准了这盘棋里关键的一招——让吴站长为我所用。

余则成深知，能不能达成目的，站长吴敬中是绝对的掌控者。不管是扳倒了陆桥山还是李涯，最后定乾坤的仍然是站长大人。所以必须让吴敬中甘愿把副站长的位子留给他才行。为此，余则成从一开始就尽力帮站长敛财，并且听命于他，完成各种杂碎事务，让站长心安。所以吴敬中将其视作"我的人"。在陆桥山与李涯的争夺战后，吴敬中对他们大为恼火。所以他也有心提拔余则成为副手，积极地为他申请到了提升令。

对职场上的人来说，必须认清谁才是你升职路上的主导者。职场上有一条金科玉律：给你发薪水的那个人永远是正确的。人世间没有无缘无故的爱，也没有无缘无故的恨。老板也不会平白无故地给你升职。老板有他自己的理由和依据，而你所要做的就是遵循这些条件。

1. 维护老板的利益

老板的利益是非常广泛的，它包括很多方面的内容。作为公司的管理者要能够帮助老板解决企业所面临的各种问题，解决企业的困难。吴敬中之所以如此器重余则成，除了他能够帮助他聚敛财富以外，余则成的工作能力也的确是不错的。无论如何，吴站长是绝对不会器重一个酒囊饭袋的。

老板是公司里的掌舵人，他对本公司员工的表现和态度是非常敏感的。为了达到升职加薪的目的，你就要使自己的一切行为都符合老板的利益，这是尤其重要的。如果你在某一行为上损害了老板的利益，哪怕一次无意的损害都会使老板感到厌恶，他绝对不会对你有好感，从而失去升职和加薪的机会。

2. 不要探听老板的"秘密"

每个人都有每个人的活法，每个人也有每个人的难处，如果你偶然发现老板的秘密，那么最好的做法是保持沉默，装聋作哑，宁可把话全烂在肚子里也绝不能说出去。但仍有许多人为了得知老板的"秘密"而四处打探，认为如果知道老板的一些小秘密，则可以和老板拉上关系。殊不知，有些"秘密"可能成为你永远不能升职的原因。既然是"秘密"，当然知道的人越少越好，别探问老板的隐私。老板面对工作会感到心情压抑，家庭生活也会产生这样那样的矛盾。如果你毫不客气地探问其隐私，甚至为其出谋划策，那就大错特错了。即使老板在最脆弱的时候，也只需要适度的关心，开解郁闷的心情。

如果你不小心撞到了老板的秘密，保守秘密是唯一的明哲保身的办法。有时候知道的事情太多反而是一件坏事，尤其是关于老板的隐私方面的话题，你一旦知道千万不能透露出去，否则就要大祸临头了，而如果能及时替老板掩饰其不愿为人所知的隐私，则有可能被对方引为知己，收到意想不到的回报。

3. 得到老板的赏识和好感

老板大多喜欢那种脚踏实地、埋头苦干的人。如果你把老板安排的每一件事都办得妥帖，然后再说几句老板爱听的话，比起那些只说不做的人，老板一定会对你另眼相看。

记住，如果你总是迎着老板的目光，从不躲躲闪闪；坦率与之交换看法，不隐瞒、不夸大；从不议论其隐私，并尽己所能努力工作，争取成为其最佳的部下，那么，你的老板便没有什么道理不喜欢、不赏识你了。

虽然说讨得老板欢心，自己对前途未必放心，但如果不讨老板欢心，那么对自己的前途肯定不会放心。这是一条放之四海而皆准的道理，任何情况下都不会失灵。

第 46 章　要盘活企业，先盘活人

给员工高工资可以降低成本

在很多老板看来，员工努力工作是为了自己，他们应该自觉地拼命工作。但是老板们有没有想过，就你给的那点儿微薄薪水，他们凭什么会去打拼？

史玉柱在《赢在中国》的点评中说："当你给员工高薪时，你的企业成本是最低的！哪怕你只比第一、第二位的高出一点点，效果也会非常明显！在你给员工高薪时，表面上看仿佛增加了企业成本，实际不然。我这些年试过了各种方法，高薪、低薪，最后发现，高薪是最能激发员工工作热情的，也是企业成本最低的一种方式。"

在早期的珠海巨人集团时代，史玉柱实行的是军事化管理，但是他后来渐渐明白，大多数员工的使命是打工挣钱，养家糊口。虽然军人有对国家和民族效忠的义务，但员工没有对老板效忠的义务。在 20 世纪 90 年代，当脑黄金战役第一阶段考核结束之后，史玉柱就非常慷慨地给江苏和浙江分公司的两位经理发了 40 万元的奖金，这相当于当时广东市场一个月的回款。史玉柱在会上对所有的人说："能者多得，只要能为巨人做出贡献不拒绝索取，要在巨人内部培养一批富翁。"

此举过后，史玉柱的员工们都开始疯狂工作、疯狂加班。并且史玉柱还经常会在员工加班的时候动辄就发上几千元奖金，让人惊喜不已。对于重点技术人员，不受公司级别制度限制，只要技术能力强，就不怕付出高额报酬。后来史玉柱做了网游，依然将这套模式保留了下来，他说："游戏团队的薪水我不管，由管理层定。工资是一事一议，开多少钱评估一下，值得就给，不受任何制度等级限制。在《征途》的开发过程中，史玉柱出手颇为大方，给整个研发团队开出了很高的工资。他的目的就是要让研发人员感觉到，征途网络给他们的报酬绝对是在整个行业居于前列的。

项羽和刘邦的故事也能证明这一点。

项羽会为将士流泪，为受伤士兵吸脓吮血，却想不到，将士们出生入死浴血奋战，图的是什么？还不是封妻荫子、光宗耀祖！可是他该封的不封，该赏的不赏，只知道流鳄鱼眼泪送些汤汤水水，这算什么呢？相比起项羽，他的对手刘邦则聪明多了，反正他一无所有，所以一旦有了，也不会太心疼，出手大方也是自然的。因为他自己也是被人看不起的底层，所以特别能容忍人，也最懂得世态炎凉和人间疾苦，知道人们追求什么、惧怕什么，要收买人心总是能够到位，也不愁没人拥戴、没人辅佐。

在马斯洛的需求论说明，只有满足了低层次的需求之后，人们才会考虑高层次的需求。在现在的社会，大家的压力都很大，生活中的各种压力像一座座大山压得大家都无法喘息，所以大家都很现实，工资作为满足基本生存需求的保障条件，在绝大多数人的心中是不可动摇的底线。工资低的公司，即使企业文化搞得再好，也难以留住人才。

金钱不是万能的，但没有钱绝对是万万不能的。

给你的员工们"松绑"吧

现在有很多企业的管理思想依旧非常古板陈旧，希望把员工变成一个个机器人，甚至连上厕所的时间都要严格规定。这种管理方法非常愚蠢，只适用于一些低端企业，根本不适合当今社会发展的潮流。

比尔·盖茨有着一张长不大的娃娃脸，他喜欢舒舒服服地坐在电脑面前，一边吃比萨饼、喝可乐，一边彻夜不眠地编写电脑程序。他的大学教授评价他说："他是我所教的学生当中最好的学生。我不能想象还有比他更聪明的人。搞软件，对他来说几乎是不费力的。"正因为比尔·盖茨是一个天才，所以他更明白：只有宽松的环境，才能让天才充分发挥能力。

在微软，着装规定是不存在的。比尔·盖茨认为，在一个不必打领带、不必西装革履的轻松环境里，员工的思维会更活跃，创造力会更强。如果一个企业因为一双鞋而把一个时尚而且非常优秀的员工弄得死板而没有生气，这是不划算的。比如说一位男孩，他可能不喜欢用领带束缚脖子，但他喜欢创新和努力地工作，那么老板会选择哪一个？逼他用领带卡住脖子，卡住他的创造力和想象力，还是留住他的想象力和创造力，放松他的脖子？对于一位爱美的女孩，是在束缚她的腿的同时束缚住她的工作热情和活力，还是放松她的脚，留住她的工作激情和魅力？

比尔·盖茨的选材标准是非常高的，他只要天才和聪明人。但是等他们进来之后，比尔·盖茨会让这些天才们尽可能地放松，减少不必要的干扰。微软的整栋办公大楼里看不到一座钟表，只要是风和日丽，员工们均可自由自在地在外面散散心。微软公司除了为员工免费提供各种饮料之外，在公司内部，用于办公的高脚凳到处可见，其目的在于方便公司员工不拘形式地在任何地点进行办公。当然，微软的员工每人都有独立的办公室，员工们都有自己的自由空间，有的人把床搬到了办公室，把宠物也带来了，有一个人甚至在办公室里养了一条蟒蛇。因此，有人说微软的员工是邋遢和不拘小节的。但这并不影响他们智慧的发挥，相反给员工一个开启创造力的空间。

　　微软员工的工作氛围是很轻松的，但它的效率却是国内所有企业望尘莫及的。很多企业家主张搞军事化管理，这并没有什么错。但问题是，这只适合于劳动密集型的低级化阶段。企业不是打仗，不是凭着满腔的亢奋拎个炸药包往前冲就能取得胜利的。企业的运营需要的是智慧，而不是匹夫之勇。特别是在经过金融危机洗礼之后，存活下来的大部分企业都将会有一个产业升级和调整的过程，逐渐从依靠压榨劳务型劳动者的低端产业链走向依靠知识型工人的中高端产业链。以前那些呆板的管理模式也必须要被淘汰。正是因为很多企业不将员工当人看，所以才出现了那么多的过劳死，累死累活却依然在温饱线上徘徊，与世界五百强企业还是天上与地下的差距。

　　在有些企业拼命给员工施压的时候，很多公司却已经在这种原始野蛮的管理中得到了教训，变得更加的聪明，倡导一种宽松的工作氛围，进行人性化管理。当有些公司的员工忙得连恋爱的时间都没有的时候，惠普却一直强调要让员工工作、生活两不误，他们不希望希望员工因为工作而失去了生活、家庭和爱好。在很多企业里，员工的薪水确实很高，但他们的工作压力也是相当大的，因为这样才符合市场经济的利益平等交换的原则。但是惠普却认为，他们所提倡的这种理念会使工作效率更高。比如有员工要在上班期间出去检查维修，如果不让他去的话，他坐在办公室里就会因为惦记这件事而没有任何工作效率，所以在惠普从来都是不记考勤、没有上、下班打卡制度。而且惠普的员工都有带薪休假，基本上他们想什么时候休假都可以，只要提前跟自己的上司打个招呼，把工作做完或者交接一下就可以了。

　　正如比尔·盖茨所说："技术的背后是人。过去几十年社会的种种进步，源自于天才身上那些无法预测的创造力。"对于企业而言，人才特别是天才是非常重要的。让天才心无旁骛地发挥自己的才华，就意味着企业将有无尽的财富迅速流入。

微软的秘密就两个字——人才

　　在当今社会，人才是最宝贵的财富，不管是企业发展还是社会进步，天才们的那些天马行空的创造力都起到了非常重要的作用，一个天才能够创造的价值，是很多人拼命工作都无法企及的，比尔·盖茨深知这一点，这也是微软成功的秘诀。

　　2008 年，比尔·盖茨想要收购雅虎，当媒体询问他"为什么雅虎值 400 亿美元"时，比尔·盖茨的回答令人惊讶："我们看上的并非是该公司的产品、广告主或者市场占有率，而是雅虎的工程师。"他表示，这些人才是微软未来扳倒谷歌的关键。

　　比尔·盖茨把人才当成公司最重要的财产，他曾说："如果把我们顶尖的 20 个人才挖走，那么，我告诉你，微软就会变成一家无足轻重的公司。"比尔·盖茨认为，一个公司要发展迅速得力于聘用好的人才，特别是聪明的人才。比尔·盖茨"不雇佣笨蛋"，他只招募最优秀的人才。早在微软公司刚创立的初期，他就努力从熟悉的人中寻找聪明的人才，他亲切地称他们为"聪明的朋友"。到了后期，因为认识的人有限，他马上开始招聘陌生的聪明人。即使每年接到全球 12 万份多的求职申请，但比尔·盖茨仍不满足，他认为还有许多令人满意的人才没有注意到微软，因而会使微软漏掉一些最优秀的人。

　　所以，无论世界上哪个角落有他中意的人才，比尔·盖茨都会不惜任何代价将其请到微软公司，如微软公司最重要的领导和产品研发大师 Jim Allchin 就是一个例子。最初的时候，比尔·盖茨通过朋友多次联系他，请他加入微软，Jim Allchin 都置之不理。后来虽然禁不住比尔·盖茨的再三邀请，Jim Allchin 终于答应面谈，但是一见到比尔·盖茨就毫不客气地批评说："微软的软件是世界上最烂的软件，实在不懂你们请我来做什么。"比尔·盖茨不但不介意，反而谦虚地对他说："正是因为微软的软件存在各种缺陷，微软才需要你这样的人才。"Jim Allchin 被比尔·盖茨的虚怀若谷所感动，终于答应到微软工作。

比尔·盖茨安排的很多"面试"，不是在考人家，而是在求人家。用微软研究院副院长杰克·巴利斯的话说，是在"推销式面试"。美国媒体经常提到另一个经典例子：加州"硅谷"的两位计算机奇才——吉姆·格雷和戈登·贝尔，在微软千方百计的说服下终于同意为微软工作，但他们不喜欢微软总部雷德蒙冬季的霏霏阴雨，比尔·盖茨就在阳光普照的"硅谷"为他们建立了一个研究院。因为微软百分之七十左右的工程师均来自印度和中国，所以比尔·盖茨特地在印度和中国分别建立了微软研究分院。1998年，微软在北京海淀区设立了亚洲研究院，大量网罗北京大学、清华大学等名牌大学优秀学子。

管理学教授蓝多·依·佐斯在《微软模式》中说："盖茨从来都是有意识地雇佣那些有天资的人并给予他们丰厚的回报，这似乎已成为一种流行的成功模式。这是微软公司成功的最重要的原因，然而人们都有意识地忽略了这一点。"新闻记者蓝道·史卓斯也说："当我近距离检视微软的运作时，震撼我的不是这家公司的市场占有率，而是该公司拟订决策时那种密集、务实的深思熟虑。据我观察，微软不像昔日的IBM那样，在墙上挂着训斥员工'要思考'的牌子，而是'思考'彻底地渗入微软的血脉，这是一家由聪明人组成、管理良好、从过程中不断学习的公司。"

几个真正出色的能人抵得上1000个普通的员工，就好比孙悟空一个人就能抵上千的虾兵蟹将。微软聚集了一大批顶尖级的聪明人，这使得他们在技术开发上一路领先、在经营上运作高超，终使比尔·盖茨成为了世界首富，微软成了全球发展最快的公司之一。

比尔·盖茨预测，百年之后，在计算机网络走向衰落的时候，必将是生物工程兴起的年代。那时的微软，生物工程将是其主营业务。比尔·盖茨相信不管时代发生怎样的变迁，微软公司都能持续兴旺，因为"重要的天然资源是人类的智慧、技巧及领导能力"，微软只要坚持大力网罗一流人才的传统，就可以进军世界上任何一块领地或行业。

第47章　领导的卓越是"训练"出来的

卓越在于训练

凡是卓有成效的管理者都有一个共同点，那就是他们在实践中都要经历一段训练，这一训练使他们工作起来卓有成效。不管他们是在政府机构、企业机构、医院，还是学校，不管他们是干什么的，这些训练的内容都是一样的。

联想集团的杨元庆就是被训练出来的。

1988 年，24 岁的杨元庆进入联想工作，公司给他安排的第一个工作是做销售业务员。多年以后，杨元庆还记得，他骑着一辆破旧的自行车穿行在北京的大街小巷，去推销联想产品时的情景。

虽然刚开始杨元庆并不喜欢做销售工作，但他仍然干得非常认真，并且卓有成效。正是销售工作的历练，使杨元庆后来能够面对诸多困难。也正是杨元庆敏锐的市场眼光和出色的客户服务，引起了柳传志的注意。

1992 年 4 月，联想集团任命杨元庆为计算机辅助设备(CAD) 部总经理。杨元庆在这个位置上不仅创造出了很好的业绩，而且还带出一支十分优秀的营销队伍。

1994 年，柳传志任命他为联想微机事业部的总经理，把从研发到物流的所有权力都交给了杨元庆。2001 年 4 月，37 岁的杨元庆正式出任联想总裁兼 CEO。

为了磨一磨杨元庆倔强的脾气，1996 年的一个晚上，柳传志在会议室里当着大家的面狠狠地骂了他一顿："不要以为你所得到的一切都是理所当然的，你的舞台是我们顶着巨大的压力给你搭起来的……你不能一股劲只顾往前冲，什么事都来找我柳传志讲公不公平，你不妥协，要我如何做？"一点儿都没给杨元庆面子，柳传志在骂哭杨元庆后的第二天给杨元庆写了一封信：只有把自己锻炼成火鸡那么大，小鸡才肯承认你比它大。当你真像鸵鸟那么大时，小鸡才会心服。

杨元庆回忆起当时的情景说："如果当初只有我那种年轻气盛的做法，没有柳总的妥协，联想就可能没有今天了。"经过不断的"折腾"，杨元庆最终成了一名经得起任何压力的"铁人"。

由此可见，卓越有时只需要我们在过程中多一点儿坚持，少一点儿放弃；多一点儿磨炼，少一点儿退缩。

这就好像一只蝴蝶幼虫，一个善良的人觉得它在茧中拼命挣扎太过辛苦，出于好心就用剪刀轻轻地将茧壳剪掉，让幼虫轻易地从里面爬了出来。然而不久以后，那只幼蝶就死了。

幼蝶在茧中的挣扎是生命中不可缺少的一部分，是为了让身体更强壮、翅膀更有力。如果不经过必要的破茧过程，它就无法适应茧外的环境。一个人如果不经历必要的磨难他就会很脆弱，没有能力抵抗以后的风风雨雨；一个公司如果不靠自己的力量冲破困境，这个公司就无法有长远的发展。

对真正的人才来讲，溺爱即是摧毁，而折腾恰恰是培养和检验。一个人如果不经历必要的磨难，就会很脆弱，没有能力抵抗以后的风风雨雨。

德鲁克教你如何训练

现代管理学大师德鲁克在《卓有成效的管理者》一书中提到，想要成为卓有成效的管理者，至少需要五种训练。第一，卓有成效的管理者应该知道如何分配时间。他们善于通过对时间的掌握，实现有系统的工作。第二，卓有成效的管理者往往专注于贡献。第三，卓有成效的管理者会使自己的长处得到充分发挥。第四，卓有成效的管理者会锁定少数几个领域，并在这些领域中用优异的表现带来卓越的成效。第五，卓有成效的管理者会做出最有效的决策。

管理者必须会计划时间、简化工作以及授权于人。时间的价值非比寻常，它与我们的发展和成功关系非常密切。同样的工作时间、同样的工作量，为什么有时候我们总不能像别人那样在第一时间完成？计划时间就是要制订目标，使自己明白自己是如何利用时间的。

很多人每天忙得不可开交，他们总是行色匆匆，总是有做不完的工作、开不完的会、吃不完的宴席，为什么会出现这种情况？这是因为很多人根本没分清楚哪些事情该做，哪些事情不必做，哪些事情纯粹是在浪费时间。所以，作为管理者，必须剔除那些浪费时间的事情，做最有用、最有价值的事。

学会管理自己的时间，必须尽量少做浪费时间的事。任何一个管理者，都没有足够的时间来完成他想完成的事情。所以，管理者应该学会如何授权让别人去完成一些事情。管理者没必要事必躬亲，尽量放手让别人干，才是明智之举。管理者既不是神仙，也不是"超人"，他的精力和能力都是有限的。因而，管理者只能想大局、议大事，而不必事无巨细，事必躬亲，更不必大权独揽。

卓有成效的管理者专注于外在的贡献，他们不在乎实际的个人行为，而是想着怎么去贡献。

爱迪生未成名前是个穷人。那时候他为了研究试验，经常穿同一件衣服。一次，他的老朋友在街上遇见他，看见爱迪生还穿着上次见到他时的那件衣服，关心地说："看你身上这件大衣破得不成样了，你应该换一件新的。"

"用得着吗？在纽约没人认识我。"爱迪生毫不在乎地回答。几年过去了，爱迪生成了大发明家。有一天，爱迪生又在纽约街头碰上了那个朋友。"哎呀,"那位朋友惊叫起来,"你怎么还穿这件破大衣呀?这回,你无论如何要换一件新的了!""用得着吗?这儿已经是人人都认识我了。"爱迪生仍然毫不在乎地回答。

爱迪生专注于自己对社会的贡献,而忽视自我的形象和物质需求,这种心态和境界很值得现代人学习。

卓有成效的管理者应尽量发挥自己的长处。天生我才必有用,即使是再愚蠢的人,也一定有自己的长处。我们往往羡慕别人所拥有的优点,而忽略了自己本身具有的优点和长处。善于发挥的特长,是现代人应具有的本领之一。有一句名言曾经说过:"生活如一个剧本,重要的不是长度而是精彩度。"尺有所短,寸有所长。人生的诀窍就在于利用自己的长处。

美国著名作家马克·吐温曾经试图成为一名出色的商人。他投资开发打字机,最后赔掉了5万美元,一无所获。马克·吐温看见出版商因为发行他的作品赚了大钱,心里很不服气,也想赚这笔钱,于是他开办了一家出版公司。然而,经商与写作毕竟不同,他又很快把公司的资金赔光。

经过两次打击,马克·吐温终于认识到自己毫无商业才能,于是断了经商的念头,开始在全国巡回演说。这回,风趣幽默、才思敏捷的马克·吐温完全没有了商场中的狼狈,重新找回了感觉。最终,马克·吐温靠写作与演讲还清了所有债务。

卓有成效的人能够最大化地利用自己的长处和优点,使自己具有永恒的魅力。因为唯有利用自己的长处,才能使自己的生命增值;相反,利用自己的短处会使自己的人生贬值。有一句话说得好:"宝贝放错了地方便是废物。"

管理者应该懂得,作出有效的决策对他们有多么重要。

有一次,皮柏陪妈妈去欧洲观光,当轮船航行到新奥尔良时,有位陌生人向他推销咖啡,而且价钱只是平时的一半,很多人在犹豫不决，但皮柏只是考虑了一会儿就买下来了。就在他买下不久，巴西咖啡因为受寒而减产，价格一下子就涨到了平时的 2 到 3 倍。

皮柏大赚了一笔。管理者的决策就是这样，有效决策能够使你的团队的效率如同皮柏购买的咖啡一样翻上几倍，否则，团队将因为决策的失效而陷入群龙无首的泥潭之中。

管理者想要在管理上获得卓越成效，就要懂得如何去训练自己，德鲁克提出的这五项修炼，便是最好的修炼途径和方法。

第 48 章 "这事我已经交代了"

政策自己不长 "腿"

很多民营企业的管理者都有一个通病，那就是对于各种制度与政策他们是只管制定，不管执行。他们以为这些制度与政策都自己 "长了腿"，只要被制定出来，就能保证 "执行"。

某公司为了激励员工向企业希望的业务发展方向上努力，需要经常灵活地调整 "提成政策"，将企业的 "战术意图" 如实地反映在政策中，通过政策大力引导销售人员的销售行为与努力方向。因此，该公司每个月都要为销售部门制定 "提成政策"。

但每次费了半天劲才制定出来的政策，销售经理只是在月初的例会上简单宣布一下，然后就贴到告示板上 "万事大吉"。所以，该公司每个月制定出来的政策都仅仅沦为了销售人员月底拿来估算当月收入的一个 "参考工具"，根本起不到对业务的指导和对员工的激励作用。

除此之外，该公司无论是哪个层级的领导召集的会议，基本上一散会就 "完事"。会上讨论的内容，制定的政策与制度根本得不到很好的落实。所以基本上每次开会都是在说 "相同的事"，类似的文件发了一大堆，但是 "事情" 还是在原地，没有丝毫进展。

该公司的这些问题，归根结底出于一个相同的原因，那就是执行力太差。或者说得再严重一点儿，原因是某些管理者的头脑里还残留着较为严重的 "官僚主义" 思想——我只负责 "说事"，"做事" 是别人的事。

　　管理者都这么想，也就只能指望制度与政策都能"长出腿"来自己落实了。作为管理者，不能宣布完了就算了事。员工是否都做到了真正的理解，有没有疑问，在日常工作中到底执行得怎样，有哪些问题，如何解决等，这些都需要管理者去关注、监督，甚至提供必要的指导与协助，而不能把事情推出去就算完事。

　　同样，每一次会议讨论的问题，出台的决策与制度是否得到了很好的落实，谁去负责落实，什么时间落实，落实不了怎么办等问题都需要有个强有力的推动者，而且是从头到尾的推动。否则，开多少会也是白搭，只是大家凑到一起浪费时间而已。与其把那么多时间浪费在"制定政策"与"开会"上，不如省点儿时间扎扎实实地落实几件事来得实在。

　　任何一种制度与政策都不可能"只要被制定出来就会自己保证自己的执行"。所以，一个合格的管理者不能只负责把政策"制定"出来就"万事大吉"。只有推进"执行"才是"硬道理"。

布置不等于完成，简单不等于容易

　　布置即完成，这是很多管理者想当然的想法，它的前提是企业必须具备超强的行动力和执行力，而这对于现阶段的有些企业来说，只能是天方夜谭。

　　在一切工作中，调查和规划仅仅是事前的准备，工作的正式展开是从布置以后才开始的，工作的内容始终需要贯穿落实的全过程，所以说，布置仅仅只是工作的第一步——预备。

　　有一个小和尚担任撞钟一职，半年下来，觉得无聊之极，"做一天和尚撞一天钟"而已。有一天，住持宣布调他到后院劈柴、挑水，原因是他不能胜任撞钟一职。

　　小和尚很不服气地问："我撞的钟难道不准时、不响亮?"

　　住持耐心地告诉他："你撞的钟虽然很准时、也很响亮，但钟声空泛，没有感召力。钟声是要唤醒沉迷的众生，因此，撞出的钟声不仅要洪亮，而且要圆润、浑厚、深沉、悠远。"

布置不等于完成，很多差错的造成，是因为执行者不能准确理解管理者的意图。

布置完成以后，落实者未必就能立刻弄清执行的意图、要点、方法、步骤、技巧等，这还需要一个过程，较为复杂的落实更需要示范、演练、指导等。真正到了落实的时候会遇到什么障碍，该如何去解决还是未知因素。在竞争激烈、情况复杂的社会环境中，任何事情并不可能处于一种理想的"真空世界"。

布置不等于完成，简单不等于容易。落实中的很多事情，看起来都是小事，仿佛很简单，有些时候却做不到。其中的原因就在于我们都把这些简单的小事看得很容易，以至于漫不经心，在生活中不当一回事，当然也就无从改变。其实，简单不等于容易，只有处处严格要求自己才能给自己一个满意的结果。

开学第一天，苏格拉底站在讲台上，对他的学生们讲道："今天大家只要做一件事，那就是你们每个人尽量把胳膊往前甩，然后再往后甩。"说着，他给大家做了一次示范。接着他又说道："从今天开始算起，每天做300下，大家能做到吗?"学生们都笑了，心想：这么简单的事，谁会做不到?

一年过去了，当苏格拉底再次走上讲台，询问大家的完成情况时，发现全班大多数人都放弃了，而只有一个学生一直坚持着做了下来。这个人就是后来与其师齐名的古希腊大哲学家——柏拉图。

这正说明了柏拉图严格要求自己的做事态度，为他以后闻名世界、在哲学领域有所建树奠定了最起码的精神基础。

看似简单的事情做起来并不容易，需要靠扎实的能力和实干的精神去落实。西方有句名言："罗马不是一天建成的。"只有浮躁被扎实所代替，冲动被理智所折服，认识到"布置不等于完成，简单不等于容易"，这才是成就大事不可缺少的基础。

第 49 章　管理中的"路径依赖"

马屁股决定火箭助推器的宽度

现代铁路两条铁轨之间的标准距离是四英尺八点五英寸,这个标准哪来的呢? 早期的铁路是由建电车的人所设计的,四英尺八点五英寸正是电车所用的轮距标准。那么,电车的标准又是从哪里来的呢? 最先造电车的人以前是造马车的,所以电车的标准是沿用马车的轮距标准。马车又为什么要用这个轮距标准呢? 英国马路辙迹的宽度是四英尺八点五英寸,所以,如果马车用其他轮距,它的轮子很快会在英国的老路上撞坏。这些辙迹又是从何而来的呢? 从古罗马人那里来的。因为整个欧洲,包括英国的长途老路都是由罗马人为其军队所铺设的,而四英尺八点五英寸正是罗马战车的宽度,任何其他轮宽的战车在这些路上行驶的话,轮子的寿命都不会很长。罗马人为什么以四英尺八点五英寸为战车的轮距宽度呢? 原因很简单,这是牵引一辆战车的两匹马屁股的宽度。

故事到此还没有结束,美国航天飞机燃料箱的两旁有两个火箭推进器,因为这些推进器造好之后要用火车运送,路上又要通过一些隧道,而这些隧道的宽度只比火车轨道宽一点,因此火箭助推器的宽度是由铁轨的宽度所决定的。所以,最后的结论是:美国航天飞机火箭助推器的宽度竟然是两千年前便由两匹马屁股的宽度决定了。

这就是路径依赖,看起来有些悖谬与幽默,但却是事实。

"路径依赖"这个名词,是由 1993 年诺贝尔经济学奖的获得者诺思提出的，它的特定含义是：在经济生活中也有一种惯性，类似物理学中的惯性。一旦选择进入某一路径（无论是"好"的还是"坏"的）就可能对这种路径产生依赖，某一路径的既定方向会在以后的发展中得到自我强化。

举个我们身边的例子可以方便理解：

女孩子大多喜欢购物，但是很多女孩子在买衣服的时候都碰到过这样一种状况：因为一时的喜好和冲动，买了某一喜欢的上衣，然后发现，因为这件上衣的出现，就必须要配相应的裤子（或裙子）、皮鞋、包、衬衫、丝巾，或者去改变发型等。也许最初的一件衣服并不是很贵，而一一配齐就麻烦了，可能会贵到不胜负担，最后甚至不得不分期付款。

路径依赖被总结出来之后，人们把它广泛应用在各个方面。在现实生活中，由于存在着报酬递增和自我强化的机制，这种机制使人们一旦选择走上某一路径，要么是顺着原来错误的路径往下滑，甚至被"锁定"在某种无效率的状态下而导致停滞，想要完全摆脱就变得十分困难，要么是进入良性循环的轨道而加速优化。

加速优化的现象有个专门术语"马太效应"。"凡是有的，还要加给他，叫他有余；没有的，连他所有的也要夺过来。"这是《圣经·马太福音》中的一句名言。其中还有一个相应的故事：

主人要到外国去，把三位仆人叫来，按其才干分银子给他们。第一个得了 5000 两，第二个得了 2000 两，第三个得了 1000 两。主人走后，第一个仆人用 5000 两银子做买卖，又赚了 5000 两；第二个仆人照样赚了 2000 两；第三个仆人把 1000 两银子埋在了地下。不久，主人回来了，与仆人算账。第一个仆人汇报赚了 5000 两银子，主人说："好，我要派你管理许多事，可以让你享受主人的快乐。"第二个仆人汇报赚了 2000 两银子，主人说："好，我要派你管理很多的事，让你享受主人的快乐。"

第三个仆人汇报说:"我把你分给的银子埋在地下,一个也没少。"主人骂了这个仆人一顿,决定夺回他这 1000 两银子,分给拥有 10000 两银子的仆人。

20 世纪 60 年代,著名社会学家罗伯特·莫顿首次将这种现象归纳为"马太效应"——任何个体、群体或地区,一旦在某一方面(如金钱、名誉、地位等)获得成功和进步,就会产生一种积累优势,就有更多的机会取得更大的成功和进步。

"路径依赖"直接关系到个人事业的成功和企业的发展,它为成功者走向更大的成功提供了方法,也为失败者超越失败指明了方向。

让员工有好"路径"可依

路径依赖理论已经告诉我们,它既可以是天使,也可以是魔鬼,关键在于我们的初始选择。那管理者如何选择成功的起点呢?

管理者最希望拥有的是执行力强的员工,而执行力与员工有没有听话照做、雷厉风行、勤于学习等习惯密切相关。一般来说人们习惯于"新官上任三把火",那么新任管理者的头等大事就是培养下属的优良行为习惯,以后领导起来自然事半功倍。还有一些企业喜欢招聘没什么工作经验,因而可塑性强的应届毕业生。

早在春秋战国时代,墨子就说过:"染于苍则苍,染于黄则黄,固染不可不慎也。"就是说人生下来就像一束白丝一样,你把它染成黑的就是黑的,染成黄的就是黄的,蓝的就是蓝的,其实,习惯的养成也是这样的道理,因而不可不慎。

1978 年,75 位诺贝尔奖获得者在巴黎聚会。有人问其中一位:"你在哪所大学、哪所实验室里学到了你认为最重要的东西呢?"出人意料,这位白发苍苍的学者回答说:"是在幼儿园。"

又问："在幼儿园里学到了什么呢？"学者答："把自己的东西分一半给小伙伴们；不是自己的东西不要拿；东西要放整齐，饭前要洗手，午饭后要休息；做了错事要表示歉意；学习要多思考，要仔细观察大自然。从根本上说，我学到的全部东西就是这些。"这位学者的回答，代表了与会学者的普遍看法。

员工的行为习惯有路径依赖，因此管理者最好从一开始就抓起。对整个企业来说，企业的运行也有路径依赖，如果管理者一开始就把制度制定好，对企业一开始就走上良性运行轨道很有好处。

什么样的制度能让公司的重大战略保证进度和业绩？美国GE公司的业务管理系统可供企业参考。GE在全球100多个国家有几十种业务，34万名员工，GE业务管理系统让如此庞大的公司按照统一的战略获得了高速增长。

GE的业务管理系统以一年为一个循环，以一个季度为一个小单元。

第一季度：新战略的实施启动。

1月份，GE召开由全球600个所有业务部门领导参加的"运营经理会议"，讨论并通过各个业务领导送交的业务清单，宣布启动新一年的战略实施计划；2月份，公司上下全力实施新战略；3月份，公司召开执行官会议，这是每季度末都要召开的公司级业务质询会。第一季度的主要内容是检查顾客和市场反应，并检查实施战略所需的资源是否充足。

第二季度：检查实施进度和效果。

4月份，公司通过因特网对近万名员工进行一次匿名的"CEO调查"，询问他们是否感受到重大举措的实施，客户的反应如何，战略实施过程中资源支持是否充足，内部沟通是否通畅；5月份，GE开始对所有业务领导和员工进行绩效考核，根据表现对经理和普通员工进行提升、奖励或撤职；6月份的公司执行官会议，总结战略实施中的优秀经验以及了解新战略实施的过程和影响，并质询实施过程的领导能力。

第三季度：战略会议，提出新举措。

7、8 月份战略会议的主题是分析经济环境、竞争环境，讨论总体的财务回报状况，提出新举措或新战略（欢迎所有员工提出见解），并对实施中所需要的资源做出分析。9 月份的第三季度公司执行官会议，主要是总结和学习优秀经验。

第四季度：落实新举措。

10 月份，GE 会召开由全球 150 位经理参加的公司级经理会议，主要讨论下一年度运营计划的重点、每个运营经理提出关键举措的成功之处，以及各部门在上一年的经验中得到哪些启示。11 月份，要求所有业务领导提出明年的详细运营计划，包括希望达到的目标。12 月份的公司执行官会议，主要议题是为 1 月份的运营经理会议制定实施日程，并通过各业务部提出的关键行动措施要点。

由于 GE 拥有这样一个制度化的高效业务管理系统，它可以做到重大战略举措一经提出，在一个月内就能够完全进入操作状态，而且总是可以在第一个循环结束后就能在财务上获得很好的效果。业务管理系统还有另一大功能，来自 GE 和各个业务集团的高层领导、执行经理和员工，都会在这样一个制度化平台上针对业务实施情况，对比差距，交流和分享成功的经验和措施。

一个优秀的企业家不会单纯仰仗自己的才能，他知道自己不是神，唯有依靠推动公司自动化运行的制度之力才能成就伟大的事业。

第 50 章 "舍不掉"则"得不到"

优待善于"吃亏"的员工

在企业管理当中，管理者经常会遇到一个令人挠头的难题——如果"责权"不清，那么事谁都不管；把"责权"分清了，又变得"各顾各"，谁也不管谁。

比如一个公司的"卫生区"不分，那么根本没人管打扫卫生的事；分了卫生区又变成"各扫门前雪"，各自干完自己那点儿活就算完事，哪怕有人在别人的卫生区随地大小便也不管，那不是我的卫生区凭什么要我管。

其实，任何一种高质量的管理，都是讲究"既有分工，又有合作"的。但是，在现实企业管理中，却会经常出现"分工"与"合作"不能两立的尴尬局面。

尽管不肯合作的人们有各种各样的理由，甚至有的员工理直气壮地摆出"我不想惯别人的坏毛病"的"高姿态"。但其实不愿意帮助他人的理由只有一个，那就是"怕吃亏"——今天我帮了他，万一明天他不帮我怎么办？我不是亏了？

诚然，现实世界中总会有一些"知恩不报"之辈，我们帮助了别人，确实未必会得到那个人的"回报"，也就是人们常说的"吃亏"了。

其实，"吃亏"绝对不是什么坏事。恰恰相反，在很多情况下吃亏是福。吃了亏的人，就一定有"好事"在前边等着他。反之，一个人若是总想着"占便宜"，自己一点儿亏都"不吃"，那么在前边等待他的就不会是什么"好事"了。

比如，如果有人帮了你，即便你没想着报答人家，甚至觉得这人"很傻"，但有一点可以肯定——至少你不会烦这个人，要是部门里有个什么"小选举"之类的活动，或是其他什么"好事"的话，十有八九你会想起这个人。因为你总不至于选那些从来没帮过你，或天天占你便宜的人吧？群众的眼睛是雪亮的，谁都不傻。"群众"是喜欢经常吃点儿亏的人呢，还是喜欢从不吃亏，专爱占"小便宜"的人呢？

退一万步讲，就算是经常吃亏的人在"群众"那里并没得到什么好处，但当领导也不是"吃干饭的"——没有任何一个领导会"亏待"常吃亏的员工。

从这个意义上来讲，"占便宜""不肯吃亏"就像"芝麻"，"利益"就像"西瓜"，到底哪个该"丢"，哪个该"捡"，不言而喻。

所谓"舍得"的意思，就是"舍不掉"则"得不到"，要"得"先要有"舍"。所以，敢于甚至善于"吃亏"的人，才是真正拥有"大智慧"的人。管理者应该优待这样的员工。

有一种智慧叫作"放弃"

有的企业家可能会觉得，放弃曾经所有的一切从零开始很可惜。所以他们在该放弃时不舍得放弃，优柔寡断，结果错过了很多好机会。

某地发现了金矿，可一条大河挡住了必经之路。这时，有人说绕道走，还有人说游过去，就没有人说放弃淘金。其实，这时买一条船开辟摆渡业务更能发财，毕竟淘到金子的人很少，但渡河淘金的人很多。生活就是这样，有舍才有得，不舍哪有得。

放弃一些东西，也许会开启另一道成功之门。生活是一个单项选择题，每时每刻你都要有所选择、有所放弃。追求一个目标，你必须在同一时间内放弃一个或数个其他目标。该放弃时就放弃吧，不要在犹豫不决中虚度光阴，因为那样到最后还是要无奈地放弃。世界上许多顶级的富豪都是敢于选择、舍得放弃的人。

拥有"中国色彩第一人"称号的于西蔓1998年建立了"西蔓色彩工作室"。她将国际流行的"色彩季节理论"带到了中国，她使中国女性认识到了色彩的魅力。于西蔓在日本学的是经济，但她在毕业后凭着自己对色彩的爱好苦学了两年，取得了色彩专业的资格，在当时，她成为全球2000多名色彩顾问中唯一的华人。在国外，她看到了中国同胞的穿着经常惹人非议，每次她都会产生一种强烈的感觉，要让中国人也美起来。随后，她放弃了在国外优厚的生活，回国并于1998年在北京创办了中国第一家色彩工作室。面对中国消费群体的不同，刚开始时，于西蔓只是主观确定价位。一段时间后，她发现这并不适合大多数群体，同时也违背了她的初衷——要让所有的中国人都知道什么是色彩。于是，她又重新做了计划，降低价位，并做了很多的辅助工作，结果取得了很好的成果。年轻的时尚一族纷至沓来，连上了年纪的人也成了工作室的座上宾，热线咨询电话响个不停。

于西蔓的个人才华及所创立的事业对中国的贡献和影响得到了政府、社会和媒体的高度赞誉和肯定，被誉为"色彩大师""中国色彩第一人"。

在总结自己的经验时，于西蔓说她成功的主要原因是懂得放弃，因为没有放弃就没有新的开始。于西蔓几次放弃了令人羡慕的工作而重新开始，是因为她深深地了解自己的兴趣、特点及自身的价值。

放弃是对勇气和胆识的考验。在商人看来，有时在经商中选择放弃，需要承受来自内心和外界方方面面的压力。可以说，任何一次决策中的取舍都需要很大的勇气和胆识，需要非凡的毅力和智慧。只有当一个管理者把企业发展的长远利益作为目标时，他才会顶住压力、卧薪尝胆、历尽艰辛，走向更大的辉煌。

在现在这个商业社会中，无论你从事哪个行业，都会遇到众多的竞争对手，能够凭实力一路打拼、高奏凯歌当然最好，如果与对手相比，自己在各个方面都处于劣势，那该怎么办呢？硬拼，可能是鸡蛋碰石头，鸡飞蛋打。聪明的管理者在这个时候会选择一走了之，惹不起总躲得起吧，这才是上策。留得青山在，不怕没柴烧！这不是懦弱，而是识时务者为俊杰。

"舍得"做小生意

做生意不要只盯着"大生意"，一心只想"赚大钱"，要知道做大生意是要以做好小生意为前提的。

许多温州人都是以生产牙签、打火机这些"小玩意儿"来发财致富的，温州商人王麟权就是其中的一位。

几年前，王麟权离开了已被兼并的南山陶瓷厂。在家待久了，他有点儿烦。一天，卫生坐便器堵了，排泄物怎么也下不去，急得他乱捅一气。

突然，王麟权来了灵感，他一头扎进了自己的小屋。多少个日夜之后，只有初中文化的王麟权研制成功了专门用于厕所除垢、下水道疏通的化学制剂"洁厕精"与"塞通"。这属国内首创，获得了技术专利。由于他家住在水心新村 2 栋 406 室，王麟权为自己的产品申报的商标也就叫"406"。

王麟权向妻子借了几万元私房钱，又招了 6 名员工，于是，一家像模像样的生产"洁厕精"和"塞通"的公司就算开张了。这些产品千家万户都离不了，却又很少有厂家关注，销路自然不成问题，还经常来不及生产。

"人家都说我是从厕所里掏出了黄金的人。"王麟权每谈及此，总会得意地大笑。

事实上，大部分温州商人经营的都是这样的"小产品"，看似不起眼，带来的利润却是惊人的。

在"农民城"温州龙港镇，偏处一隅的批发市场"中国礼品城"是中国最大的企业宣传礼品批发中心。"光是青岛海尔每年亿元的礼品采购，至少有6000万元来自这里。""天一礼品"的一位缪姓经理满脸是笑，他说："连四川的五粮液也是这里的采购大户，一年几百万的订单只是小意思。"笔、雨伞、打火机……温州和周边省份制造的各类礼品，印上各种企业的名称后，就这样出现在我们的周围。温州企业有"航母"，但更多的是"小舢板"。

温州苍南县的一批印刷包装企业，专门为全国的白酒企业制作酒类包装，一年的销售额达到十多亿元。纽扣更为典型，温州的服装其实较少用本地产的纽扣，这些产品主要销往外地。按照各类纽扣的平均值算，每一麻袋纽扣的总数约为50万粒，利润仅为数千元，一粒纽扣获利最薄的以毫计。难以想象的是，这些不起眼的纽扣半年就能创造5个多亿的产值。

企业管理者作为公司发展方向的"舵手"，眼里不能只有那些大买卖、大客户。为了抓住更多客户，再小的生意也要"舍得"做，更何况，有些生意看起来"小"，利润却很"大"。